Alissa Levy

HEUTE FANGE ICH AN

KNESEBECK

FÜR WILLI

INHALT

ICH UND DER ALLTAG

EIN WORT VORWEG

ICH SOLLTE WIRKLICH EINEN ZAHNARZTTERMIN AUSMACHEN, mich endlich mit meiner alten Schulfreundin verabreden, die Garage ausmisten, und wenn ich schon mal dabei bin: mein gesamtes Leben umkrempeln.

»Ab morgen wird alles anders!«, flüstert mir die Motivation verschwörerisch ins Ohr. Tja, und dann ist sie am nächsten Morgen schneller weg, als ich auf die Snooze-Taste drücken kann. Typisch! So stolpere ich Tag für Tag über noch mehr Dinge, die gemacht werden müssen, und ärgere mich in dem Wissen, dass ich sie niemals erledige. Frustriert gebe ich schon auf, bevor ich überhaupt angefangen habe. »Das mache ich, wenn es wieder ruhiger im Büro ist« oder »wenn das Wetter besser ist«. Die beste Waffe gegen das Chaos war bisher die Ausrede.

Geht das nur mir so? Oder passiert es euch auch immer wieder, dass ihr Dinge aufschiebt und damit auch die schönen Momente verpasst? Dass ihr euch vornehmt, morgen anzufangen, und dann gestern schon aufgegeben habt? Bevor wir in der Endlosschleife landen, lohnt es sich, kurz innezuhalten und den Alltag und unsere Beziehung zu uns selbst zu hinterfragen.

In 16 Kapiteln lade ich euch ein, mit mir gemeinsam wichtige Bereiche in eurem Leben zu hinterfragen. Warum ist die Motivation eigentlich eine so miese Verräterin? Ist das Chaos wirklich unbezwingbar? Gibt es einen Weg, mit Stress und Niederlagen besser umzugehen? Jedes Kapitel hat Seiten zum Mitmachen, Aufschreiben und Nachdenken. Es gibt Tipps, wie ihr Grenzen setzen könnt, eure Bedürfnisse klar kommuniziert, eure Beziehungen stärkt und wie währenddessen ganz nebenbei eure Besteckschublade in Ordnung kommt. Es geht um innere und äußere Ordnung – aufgeteilt in drei Bereiche: »Ich und ich«, »Ich und die anderen« und »Ich und der Alltag«.

Leider gibt es in diesem Buch kein Rezept, keinen Zauberspruch und nicht einmal eine App für das eine »richtige Leben«. Die gute Nachricht ist aber, dass wir jeden Tag die Chance haben, neu anzufangen, und ich werde dabei an eurer Seite sein. Zusammen und mit viel Humor stellen wir uns dem Alltag und werden mit ein bisschen Mut wieder die Hauptakteure im eigenen Leben sein. Lasst uns nicht länger warten – der richtige Zeitpunkt ist genau jetzt!

Eure Alissa ♡

Ich bin heute besser, als ich gestern war,

ich werde morgen besser sein, als ich heute bin.

BETRETEN DER BAUSTELLE AUF EIGENE GEFAHR

OFT STELLE ICH MIR VOR, wie es wäre, wenn es einen Masterplan für mein Leben gäbe. Selbstoptimierung lockt mit dem Versprechen, endlich alles in den Griff zu bekommen. Ich stehe auf, schaue in den Kalender und weiß sofort, was ich tun muss. Ich muss meine grauen Zellen nicht anstrengen, keine Entscheidung treffen, kann nichts vergessen. Alles ist bis ins kleinste Detail für mich organisiert. An welche PayPal-Adresse soll ich überweisen?

Ich soll mehr Sport treiben, mehr Wasser trinken, mehr mit Freund:innen unternehmen, weniger Zeit auf TikTok verschwenden. Karriere machen, immer gepflegt, informiert und strukturiert sein. Keinen Alkohol trinken und die Finger von den geliebten Transfetten lassen. Gequält schaue ich auf meinen Kalender. Das Einzige, was dort eingetragen ist, sind die gesetzlichen Feiertage. Wo soll ich anfangen? Wo will ich überhaupt anfangen? Vor lauter Selbstoptimierungsfantasien hyperventiliere ich sehr unproduktiv vor mich hin. Aber es hilft ja nichts! Am Ende muss ich feststellen, dass niemand für mich herausfinden kann, was ich im Leben noch erreichen will. Das muss ich schon selbst tun. Und genau an diesem Punkt scheitere ich meistens: Ich will anfangen, will mich verändern – aber ich weiß nicht, wohin ich den ersten Schritt setzen soll. Der Weg mag zwar das Ziel sein, aber was ist, wenn ich in die falsche Richtung laufe? Vielleicht fühle ich mich deshalb gerade so verloren.

»

Sorry, ich habe heute leider keine Zeit, ich muss mir noch über Dinge Sorgen machen, die außerhalb meiner Kontrolle liegen.

«

Also: *Was will ich eigentlich?* Um das herauszufinden, müsste ich endlich einmal innehalten und meine Autopilotin ausstellen. Mich für einen Moment bewusst dem Ansturm der ewigen gesellschaftlichen Verpflichtungen entziehen. Die kurze Stille nutzen und in mich gehen: Wie läuft es gerade? Was muss ich ändern? Was will ich nicht mehr? Was brauche ich wirklich? Wo soll's hingehen? Puh! Solche existenziellen Fragen drohen mit Veränderungen, die mich mit ziemlich hoher Wahrscheinlichkeit in hohem Bogen aus meiner Komfortzone katapultieren. Deshalb habe ich bisher versucht, sie so gut es geht in die hintersten Ecken meines Gehirns zu drängen: Smartphone raus, Instagram, YouTube oder WhatsApp an. Selbst E-Mails checken ist besser als nachdenken. Alles soll so bleiben, wie es ist – und gleichzeitig soll alles anders werden.

Das ist er! Der Moment der absoluten Frustration. »Hallo, da bin ich wieder, du musst dich nur trauen!«, flötet mir die Aussicht auf Veränderung entgegen. Ich verdrehe die Augen, denn eigentlich weiß ich es schon längst selbst: Ich bewege mich bereits vorwärts. Ich bin bereit für

Meine Emotionen und Gedanken

Darauf habe ich keinen Einfluss:

Darauf habe ich Einfluss:

Das Altern

Wie ich über mich spreche

Wie andere Menschen mit mir interagieren

Wie ich mit anderen Menschen interagiere

Wie ich mich um meinen Körper kümmere

Wie ich mit Stress umgehe

Wie andere Menschen denken, fühlen und handeln

Meine Erwartungen

Wie Menschen über mich denken

Meine Grenzen

Wie andere Menschen ihr Leben führen

Vergangenheit

Die Ergebnisse meiner Bemühungen

neue Ideen, neue Erfahrungen und ein neues Bewusstsein, um dem näher zu kommen, was ich will. »Worauf wartest du also?!« Diese blöde Besserwisserin!

Leider hat es noch nie geklappt, unter der Bettdecke zu liegen und auf Veränderungen zu warten. Dummerweise passiert immer nur dann etwas, wenn ich aus meiner Passivität ausbreche und aktiv werde. Warum also nicht den heutigen Tag zum Anlass nehmen? Seufzend schlendere ich zum Schreibtisch, greife nach einem Kugelschreiber und einem alten Block. Die leere Seite starrt mich plötzlich mit heftiger Dringlichkeit an und führt mir vor Augen, dass ich spät dran bin. Ja, es wäre besser, gestern angefangen zu haben, aber besser spät als überhaupt nicht.

Was kann ich denn überhaupt verändern und was nicht? Eine der wichtigsten Erkenntnisse ist, dass es viele Faktoren gibt, die ich steuern kann, und gleichzeitig mindestens genauso viele, auf die ich überhaupt keinen Einfluss habe. Es hilft ungemein, die beiden Seiten auseinanderhalten zu können.

Mit diesem Wissen fange ich an zu schreiben: Wo stehe ich gerade und wo will ich noch hin?

Ich setze den Stift auf das Papier und meine Gedanken strömen förmlich aus mir raus: *Ich will auf meine Entscheidungen vertrauen und für sie Verantwortung übernehmen, auch wenn es mal nicht so läuft, wie ich es mir gewünscht habe* (Kapitel »Entscheidung getroffen«, S. 37). *Ich möchte meine Erwartungshaltung loslassen, immer perfekt sein zu müssen. Ich will auch kleine Erfolge feiern und versuchen, meine Niederlagen mit so viel Nachsicht wie möglich zu akzeptieren. Ich will lernen, mir zu verzeihen, wenn ich scheitere* (Kapitel »Die perfekte Niederlage«, S. 45).

Ich will meine Energie schützen und mehr Zeit in Dinge investieren, die mich weiterbringen. Noch einmal werfe ich einen Blick auf den Satz. Ja, genauso fühlt es sich in letzter Zeit an – als ob ich mich an Dingen abarbeite, die mich kein Stück nach vorne bringen. Wie oft stehe ich mir selbst im Weg, weil ich es nicht schaffe, mich besser zu organisieren? Wie oft bin ich schweißgebadet, weil ich mal wieder spät dran bin? Wie oft schaffe ich es nicht, genug zu essen oder zu trinken? In der Theorie weiß ich, wozu das führt, aber ich wundere mich trotzdem, warum ich mit grummelndem Magen bei der Arbeit sitze und Fehler mache, weil ich unaufmerksam bin. Könnte das vielleicht auch der Grund dafür sein, dass ich am Ende des Tages so schlecht gelaunt bin? Hat sich die Welt wirklich gegen mich verschworen? Oder habe ich mich selbst gegen mich verschworen? Vielleicht ist es an der

Zeit, Verantwortung für mein Leben und meine Gesundheit zu übernehmen: Ich will auf die Signale meines Körpers achten, denn ich habe es in der Hand, wie gut ich mich um meinen Körper und meinen Geist kümmere. Seit ich denken kann, ist körperliche Anstrengung mein absoluter Endgegner. Alle sind besser als ich. Alle sind schneller als ich. Es ist einfach zu schwer, ich schaffe es nicht. Ich bin körperlich unterlegen, ich habe nicht genug Kraft. Ich bin sicher, ich werde es niemals schaffen.

> »
> Veränderung geschieht nicht auf der Yogamatte, sondern inmitten von Konflikten, von Wut, Angst oder Frust.
> «

STOPP! Das ist Geschichte. Erschöpft lege ich den Stift beiseite und rufe mir ins Gedächtnis, dass ich nicht das Resultat meiner negativen Erfahrungen bin. Ich lege meine alten Glaubenssätze ab, denn sie sind nicht mehr Teil meines Lebens. Heute ist der Tag, an dem ich mich meinen Ängsten stellen werde. *Ich bin nicht allein, ich darf um Hilfe bitten, wenn ich nicht weiterweiß* (Kapitel »Tatort Fitnessstudio«, S. 125).

Und nicht nur beim Sport, sondern in allen Lebensbereichen kann mir die Art und Weise, wie ich über mich spreche, entweder Kraft geben oder mich komplett lähmen. Ich bin doch gerade dabei, endlich anzufangen, habe gespürt, wie mich die positive Energie des Schreibens beflügelt, wie sich neue Glaubenssätze manifestieren. Und plötzlich stehe ich mir wieder selbst im Weg. Also nehme ich mir fest vor, darauf zu achten, wie ich mit mir selbst spreche. Ich sage und denke nicht mehr: »Ich bin ängstlich, ich bin schwach, ich bin dumm«, sondern: »Ich *fühle* mich ängstlich, ich *fühle* mich schwach, ich *habe* dieses Wissen noch nicht«. Ich lerne, meine Emotionen zu differenzieren und anzunehmen, aber lasse mich nicht mehr von ihnen leiten. Ich bin nicht Trauer, ich bin nicht Panik, ich bin nicht Sorge und Überforderung. *Meine Gefühle überwältigen mich nicht mehr* (Kapitel »Es gibt viel zu fühlen«, S. 61).

Ich will mehr Dinge tun, die mich vergessen lassen, auf mein Smartphone zu schauen.

Ich will mich nicht mehr dafür entschuldigen, Raum einzunehmen: Ich sage, was ich zu sagen habe – ich fühle, was es zu fühlen gibt. Was wäre, wenn ich Grenzen setze, die meine sensible und introvertierte Seite schützen, anstatt härter, lauter und extrovertierter sein zu wollen?

Müde, aber auch stolz klebe ich das vollgeschriebene Blatt Papier über meinen Schreibtisch, wo ich es jeden Tag sehen kann. Ich bleibe realistisch, denn es wird immer schwierig sein, ausschließlich das zu tun, was gut für mich ist. Das Neue war schon immer beängstigend für mich, weil ich dafür Risiken auf mich nehmen und Gewohnheiten loslassen muss. Ich akzeptiere, dass Veränderungen erst mal unangenehm sind, denn sie katapultieren mich aus meiner Komfortzone. Sie entstehen inmitten von Konflikten, wenn ich frustriert, wütend oder verängstigt bin. Aber ist das nicht auch das Gute daran? Dass aus unangenehmen Gefühlen etwas wird, was mich weiterbringt? Ich lerne immer mehr dazu. Ich weiß, dass ich heute besser bin, als ich gestern war, und ich werde morgen besser sein, als ich heute bin.

Dann flüstere ich mir leise zu: »Heute habe ich die Wahl, es anders zu machen. Heute mache ich den ersten Schritt, um der Version von mir selbst näher zu kommen, von der ich schon lange träume.«

WO STEHE ICH GERADE UND WO WILL ICH EIGENTLICH NOCH HIN?

Körperlich und Mental:

In meinem Alltag:

Beruflich:

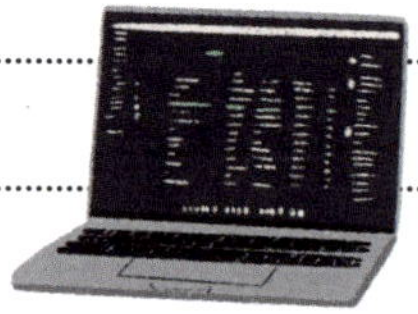

Mit meinen Mitmenschen (Partner:in, Familie, Freund:innen):

Mit meiner Freizeit (Hobbys und Interessen):

Ich verabschiede alles,
was überflüssig geworden ist.

CHAOS UND ORDNUNG

ICH HABE TAUSEND GEDANKEN und Ideen, die mir täglich im Kopf herumschwirren. Unsortiert prasseln sie auf mich ein, ein wilder Mix aus Einkaufsliste, Ideen für Illustrationen, Terminen und Verabredungen, Familie, Freund:innen und Haushaltspflichten ... Selbst wenn ich versuche, mich auf eine Sache zu konzentrieren, tauchen sofort wieder drei neue Gedanken auf. Mein Gehirn ist wie eine Supermarktkasse: Die Dame hinter dem Fließband schleudert mir gekonnt ein Gurkenglas entgegen, während ich noch versuche, die Einkaufstasche herauszuholen. So komme ich niemals hinterher! Kaum schaue ich hoch, schieben sich schon die nächsten fünf Artikel unheilvoll in meine Richtung und drohen mich zu erschlagen. »Ah ja, ich muss noch den Arzttermin vereinbaren. Die Heißklebepistole läuft ständig aus. Ich wollte doch schon längst eine neue kaufen. Was ist eigentlich aus dieser Idee für die Muttertagskarte geworden, die ich noch zeichnen wollte? Oh, die Muffins sehen aber gut aus! Dabei fällt mir ein, ich wollte doch dieses eine Muffinrezept ausprobieren ...« Spätestens als ich die Kartoffeln auf den Joghurt und die Eier werfe, kann ich mich an nichts mehr erinnern. Der Mann hinter mir atmet ungeduldig, während mir der Käse herunterfällt. Jetzt bräuchte ich eine Stopp-Taste für die Kassiererin und eine Replay-Taste für mein Gehirn.

Das Chaos in meinem Kopf schwappt auch auf meinen Alltag über. Ich springe von einer Aufgabe zur nächsten, fange vier Sachen gleichzeitig an und bringe nichts zu Ende. Irgendwie muss ich Platz und Ordnung in meinen ewigen Gedankenstrom bringen. Aber wo und vor allem wie soll ich am besten anfangen? Genau diese Frage hält mich davon ab, etwas zu verändern. Das Chaos scheint einfach zu groß.

Eine Freundin schlägt mir die Bullet Journal-Methode vor. Sie verspricht alles zu liefern, was ich für einen produktiven Alltag brauche: eine Mischung aus Tagebuch, To-do-Liste und Arbeitsplan fürs Leben. Einen Versuch ist es wert. Aufgeregt mache ich mich auf den Weg in die nächste Buchhandlung und muss schnell feststellen, dass schon die Anschaffung eines passenden Journals ein eigenes Projekt für sich ist. Welche Größe, Farbe und Papierqualität soll es denn sein? Liniert, kariert oder mit Punktraster? Super, noch mehr Entscheidungen. Genau das, was ich brauche. Mit dröhnendem Kopf verlasse ich den Laden mit einem kleinen Buch unter dem Arm, während ich versuche, die Geisterbilder der verschiedenen Papiermuster wegzublinzeln. Zu Hause angekommen, hole ich die vermeintliche Lösung für mein Kopfchaos heraus: Die graue Katze auf dem Cover lächelt mir aufmunternd zu. So verbringe ich mein ganzes Wochenende damit, die ersten Seiten zu gestalten. Ich zeichne den Kalender für Oktober ein, male Kürbisse und Blumenranken, lege Mood Tracker, Wunschlisten und meine Ziele für die nächsten fünf Monate an. So produktiv war ich schon lange nicht mehr! Das nenne ich mal Motivation.

Am nächsten Tag holt mich die nüchterne Realität in Form einer Einkaufsliste ein. Irgendwie fühlt es sich falsch an, »WC-Ente kaufen« neben die akkurat gezogene Blümchenbordüre zu schreiben. Mein Chaos verunstaltet das schöne Layout. Ich traue mich nicht so recht, ihm den nötigen Platz zu überlassen. Und dann kommt an mehreren Abenden etwas dazwischen, oder mir fällt nicht mehr ein, was ich noch ein paar Stunden zuvor aufschreiben wollte. Die unschönen, leeren Seiten starrten mich vorwurfsvoll an, und ich fülle sie nur noch halbherzig aus. Die WC-Ente habe ich auch vergessen. Spätestens als ich die Seiten nicht mehr perfekt hinbekomme, erkläre ich das Projekt für »nicht so meins«. Verschämt schmuggle ich das Büchlein zwischen meine alten Uniunterlagen, die ich noch aussortieren wollte.

»
Bevor es einen Plan gibt, muss es einen Platz für das Chaos geben.
«

»
Alles fügt sich so wundervoll an die vorgesehene Stelle.
«

Anschließend versuche ich es mit einer einfachen To-do-Liste, die ich aber auch nicht immer griffbereit habe. »E-Mails beantworten, einkaufen, Rechnungen bezahlen« kann ich mir auch so merken. Schließlich probiere ich Webseiten aus, in die ich Einkaufslisten, Projektideen, Termine etc. fein säuberlich und sortiert eintragen kann. Das ist ja schön und gut und vielleicht für einige Menschen praktisch, aber bis ich den passenden Link endlich finden und öffnen kann … »Äh, wo trägt man noch mal was ein? O nein, Werbung!« – mein Gehirn drückt bereits Steuerung + Entfernen. Frustriert mache ich mir selbst Vorwürfe, weil sich nichts ändert, und ich nichts zu Ende bringen kann. Ich will nicht mehr passiv auf Veränderung warten. Ich verabschiede alles, was überflüssig geworden ist.

Chaos ist nicht ästhetisch ansprechend. Chaos lässt sich nicht in blumenumrankte Tabellen einsortieren. Chaos ist nicht vorhersehbar und wartet nicht auf die abendliche Journal-Routine. Ich suche vergeblich nach einer ordentlichen Methode, um es zu entwirren, anstatt es erst einmal abzuladen und mir einen Überblick zu verschaffen.

Also alles auf Anfang: Wenn es doch nur ein kleines Gerät gäbe, das ich immer in meiner Tasche hätte und in das ich innerhalb von Sekunden etwas eintippen könnte … Ich hole das kleine viereckige Teil heraus, das ich primär zum Anschauen lustiger Katzenvideos nutze, und öffne mit einer Swipe-Bewegung die vorinstallierte Notizen-App. Diese App bietet keinen großen Schnickschnack, keine Tabellen, Erinnerungs- und Ordnerfunktion. Sie geht innerhalb von Sekunden auf, und ich kann dort so schnell wie möglich meine wirren Gedanken in Textform abladen. Das Chaos kennt weder Rechtschreibung noch Satzbau. Ich brauche keine Angst zu haben, dass jemand meine privaten Gedanken lesen kann, weil die Notizen so aussehen, als ob meine Katze über die Tastatur gelaufen ist. Die WC-Ente steht neben der Muttertagskarte, der Zahnarzt, zu dem ich am Montag um 14 Uhr muss, wartet neben meinen tiefsten und dunkelsten Geheimnissen darauf, dass ich ihn in den Kalender umtrage, und das Passwort für mein Onlinebanking steht dazwischen. Hauptsache, ich finde mich später zurecht.

Diese Methode wird auch *Brain-Dumping* genannt. *Brain* für *Gehirn* und *dump* als Verb fürs *Abladen* oder als Nomen für *Müllhalde*. Mein Gehirn hat jetzt eine Art Recyclinghof für mein Gedankenchaos.

Ein Ort, an dem ich meine Gedanken ungefiltert festhalten kann, gibt mir die Freiheit, mich nicht mehr mit ihnen zu beschäftigen. Ich kann sie einfach vorübergehend aufschieben und später auf sie zurückkommen. Die Brain-Dumps fassen meine Ideen und Aufgaben schnell zu einer Art Mini-Schnappschuss des Tages zusammen. Ich weiß, wo ich suchen muss (sie können nur an einem Platz sein), und habe auch zurückliegende Einträge im Blick.

Erst im nächsten Schritt fange ich an, zu sortieren und meine Woche zu planen. Ich nehme mir jeden Sonntag ungefähr zwanzig Minuten Zeit, um Termine einzutragen, Verabredungen zu planen und meine Haushaltspflichten zu organisieren. Alles kommt an seinen Platz. Vor allem eliminiert diese Methode den ewigen Stress, etwas zu vergessen. Mein Kopf ist endlich angenehm frei, und ich kann mich auf meine eigentliche Tätigkeit konzentrieren, anstatt vollkommen abwesend beim Brunch mit den Freunden zu sitzen, weil ich Angst habe, dass mir die tolle Buchidee entfallen könnte, während ich mich unterhalte …

Heute mache ich den ersten Schritt und fange an. Ich beginne jetzt, in diesem Moment, ein bisschen mehr Ordnung in mein Leben zu bringen. Ich lasse mich nicht mehr vom Chaos beherrschen, weil ich es nicht mehr verdränge, sondern es als Teil des Prozesses betrachte. Ich heiße Ordnung in meinem Leben willkommen, also hole ich schnell mein Smartphone heraus, tippe alles Unnötige und Nervige in meine App und fühle mich wie Dumbledore, als er dünne weiße Gedankenfäden aus seiner Schläfe in ein Denkarium zieht.

DIE BRAIN-DUMP METHODE

- Ich schreibe meine Gedanken, Termine, Gefühle, Stressfaktoren etc. ungefiltert in einer Notitz-App nieder. Wichtig ist: Meine Notizen – ob analog oder digital – sollten sofort griffbereit sein.

Der nächste Schritt:

- Diese Liste gehe ich in regelmäßigen Abständen (täglich oder wöchentlich) durch und sortiere meine Notizen in grobe Kategorien. Ich achte darauf, dass es nicht zu viele werden, um den Überblick nicht zu verlieren. Auf der rechten Seite sind dazu ein paar Beispiele.

→ In der Einkaufsliste können nicht nur Lebensmittel, sondern auch Kleidung, Möbel, Geschenke etc. stehen. Wiederkehrende Sachen wie Lebensmittel, lege ich als Checkliste an. Bei einigen Punkten wie »Geschenken« kann es sinnvoll sein, sie doppelt einzutragen, z. B. bei Einkaufen und bei To-do.

- [ ] Limette
- [ ] Gurke
- [x] Cherry Tomaten
- [ ] Kartoffeln
- [x] Knoblauch
- [x] Zwiebeln
- [ ] Blattspinat

- [x] Milch
- [x] Butter
- [ ] Griechischer Yogurt
- [ ] Käse
- [x] Schafskäse
- [ ] Parmesan

- [x] Nudeln
- [ ] rote Linsen
- [x] Risotto Reis
- [ ]
- [x] Knäckebrot
- [x] Brot
- [ ]

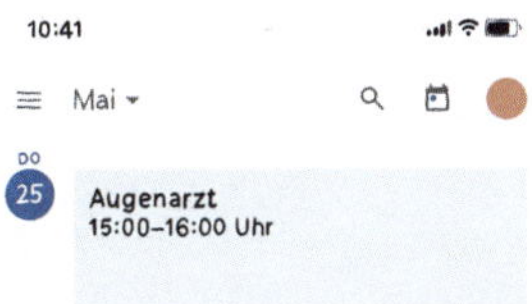

→ Termine organisiere ich in einem digitalen Kalender. Ich mache das direkt in einem Google Kalender, weil ich auf einem Blick sehen kann, was noch ansteht.

→ To-dos priorisiere ich nach Dringlichkeit und lege direkt Termine fest, an denen ich sie erledigen kann, sonst bleiben sie ewig auf der Liste. Oft stelle ich auch fest, dass einige Dinge doch nicht so wichtig sind.

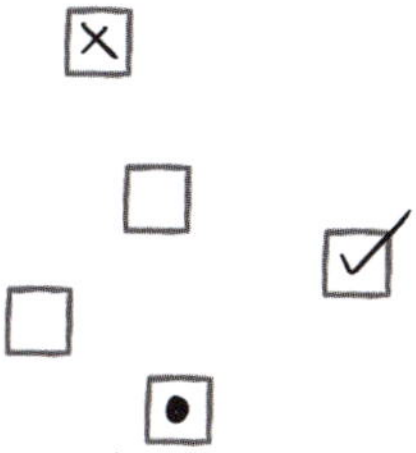

→ Meine Gedanken in Textform zu bringen, hilft mir, Probleme zu erkennen, Stress abzubauen oder die schönen Momente des Alltags festzuhalten.

→ Ich setze ein Datum an die Textstellen, um Dinge Revue passieren zu lassen. Diese Notizen lasse ich einfach in einem separaten Ordner.

Ich akzeptiere die Schwierigkeit.

Die Herausforderung ist Teil des Prozesses.

DIESE VERFLUCHTE MOTIVATION

STOLZ BLICKE ICH AUF MEINE LISTE mit Vorhaben, schließe fest die Augen und warte. Vielleicht kommt die Motivation ja dieses Mal durch den Schornstein, weil ich einen Wunschzettel geschrieben habe. Bisher ist sie eine unzuverlässige Gefährtin. Meistens kommt und geht sie, wann es ihr passt, und wenn sie dann endlich mal da ist, bleibt sie nicht lange. Oft taucht sie ohne Vorwarnung um elf Uhr nachts auf, wenn ich gerade richtig gemütlich im Bett liege. Verschwörerisch flüstert sie mir zu: »Ab morgen wird dein Leben so organisiert sein wie noch nie!« Mit dem Glauben an ein neues, besseres Leben – natürlich erst ab morgen – schlummere ich zufrieden ein. Der Wecker klingelt mich in die Realität, ich drücke auf Snooze und verspreche: »Gleich! Gleich fange ich an.«

Mit Mühe reiße ich ein Auge auf und mache eine Bestandsaufnahme: Es ist dunkel, kalt, es regnet, ich habe Halskratzen, und das Wochenende liegt noch in weiter Ferne. Heute ist sowieso nicht der perfekte Tag, um motiviert zu sein, vielleicht sollte ich lieber morgen anfangen. Dummerweise wird es da nicht anders aussehen. Denn leider passen die äußeren Umstände, um etwas zu verändern, gefühlt nie: Heute habe ich Energiemangel, morgen schlechte Laune, übermorgen niedrige Blutzuckerwerte, und dann kommt ein Streit mit der Freundin dazwischen. Irgendwas ist immer, und es gibt unzählige Ausreden,

» Wenn das Wörtchen ›wenn‹ nicht wär', wär' mein Kater Millionär. «

seine Komfortzone nie zu verlassen. Dabei ist mangelnde Motivation nicht der Ausgangspunkt meiner Lethargie. Ich will ja anfangen, aber aller Anfang lässt sich auch auf den nächsten Tag verschieben.

Wie tickt eigentlich diese mysteriöse Motivation, und wieso geht und kommt sie, wann sie will? Nach etlichen gescheiterten Versuchen sie festzuhalten, lerne ich, wie ich mich von ihr unabhängig machen kann. Heute frage ich nach dem »Warum«, nicht mehr nach dem »Wie«. Warum will ich eigentlich mehr Sport machen oder mehr auf meine Ernährung achten? Sie ist die Vorfreude auf das Leben, welches ich mir immer gewünscht habe, sie ist der Kompass, der mich auf Kurs hält, mein Fokus auf das Ziel. Erfahrungsgemäß geht das Warum schnell verloren, wenn es plötzlich schwer wird, dieses Ziel zu erreichen. Denn sobald ich vor einem Hindernis stehe, macht sich die Motivation schneller aus dem Staub, als ich mir einen Überblick verschaffen kann. Verräterin! Sag ich doch! Dafür kann ich mich auf eine andere Sache verlassen, die ich selbst in der Hand habe: auf die Disziplin. Sie ist mein zuverlässiger Esel, der mich über die steilsten Berge und durch die dunkelsten Wälder bringt. Mein Durchhaltevermögen, meine Gewohnheiten und Übungen. Disziplin lässt mich Tag für Tag die Sicherheit meiner Komfortzone verlassen, egal wie ich mich gerade fühle. Sie hilft mir, das zu erreichen, was ich mir vornehme.

Wenn ich Veränderung will, muss ich mich selbst ändern. Wenn ich Ordnung und Struktur brauche, muss ich einen Weg finden, ordentlich und strukturiert zu werden. Wenn ich Ruhe brauche, muss ich mich in Gelassenheit üben oder mich zurückziehen. Wenn ich Wertschätzung brauche, muss ich mich zuerst selbst respektieren.

Meine unzähligen Versuche, endlich mit Sport anzufangen, gehen jedes Mal ins Leere, weil ich nur Negatives mit dem Gefühl von Anstrengung verbinde. Auch wenn ich es mir fest vornehme, ist das Hindernis auch mit dem besten Esel kaum zu überwinden: Allein bei dem Gedanken ans Joggen bekomme ich schon Herzrasen und Seitenstiche. Der direkte Vergleich mit meinen Freund:innen führt mir erst recht vor Augen, wie sehr ich hinterherhänge. Ich bin Ende zwanzig, als ich die ersten Rückenschmerzen vom ewigen Arbeiten im Sitzen bekomme. Bisher hatte ich problemlos stundenlang in derselben Position verharrt, wenn ich ins Zeichnen vertieft war. Als unbelehrbare Sportverweigerin tue ich das einzig Logische: Ich bekämpfe Feuer mit Feuer und sitze das Sitzen einfach aus. Vom Stuhl aufs Sofa! Bis jetzt bin ich ja auch so durchgekommen. Inzwischen bin ich dreißig, und die Natur fordert ihren Tribut. Als ich den Boden wische (immer eine schlechte Idee, so fangen die meisten Probleme an), spüre ich beim Bücken einen heftigen Stich im unteren Rücken. Wie ein Käfer liege ich auf dem Boden, strecke alle viere von mir und kann mich nicht mehr bewegen.

In diesem Moment wird mir auf sehr eindringliche Art und Weise bewusst, was ich definitiv nicht will und wie mein Leben aussähe, wenn ich so weitermachen würde wie bisher. Während ich also für ein paar Tage außer Gefecht gesetzt bin, habe ich genügend Zeit, um mir über das Gedanken zu machen, was ich nicht mehr in meinem Leben will. Rückenschmerzen stehen ganz oben auf der Liste. Die Ereignisse der letzten Tage beweisen mir, dass das vermeintliche Gefühl von Sicherheit und Kontrolle, das ich in meiner Komfortzone spüre, von einem Tag auf den anderen verschwinden kann. Noch schlimmer als das Gefühl der körperlichen Anstrengung und des Schwitzens ist das Gefühl der absoluten Machtlosigkeit, die ich im Moment spüre. Die einzige Möglichkeit, die Kontrolle über meinen Körper und über mein Leben zurückzuerlangen ist, mich meinen Ängsten zu stellen und endlich zu lernen, auch unangenehme Gefühle auszuhalten.

Ich lasse schwierige Gefühle zu, statt gegen sie anzukämpfen. Körperliche

Symptome von Stress und Angst können sehr unangenehm sein – Herzrasen, Herzklopfen, Schwindel, Übelkeit. Sie warnen mich vor Gefahren. Aber bin ich wirklich in Gefahr, wenn ich ein paar Übungen für meine Rückenmuskulatur mache? Muss ich mich wirklich mit anderen vergleichen und von null auf hundert einen Marathon laufen? Kann ich mir eventuell Hilfe von Freund:innen holen, die sich auskennen und mir ein paar Übungen zeigen?

Ich breche meine großen Ziele auf kleine, für mich realisierbare Handlungen herunter und beginne mit dem kleinsten Beschluss: Heute mache ich zehn Minuten lang eine Übung für meinen Rücken, räume eine Schublade in der Küche auf. Ich schlucke einen winzigen Frosch. Eine Stunde ins Fitnessstudio gehen, die Wohnung putzen oder die große Kröte zehren meine Willenskraft auf, bevor ich überhaupt anfange. Kein Wunder, wenn da der Esel streikt. Wenn ich langsam mache und es schaffe, erst einmal zwei Wochen lang durchzuhalten, habe ich mir selbst bewiesen, dass ich weitermachen kann. Fehlende Motivation ist selten das Problem. Wer will schon unordentlich sein? Wer will nicht fit und gesund sein? Der Knackpunkt ist zum einen das Durchhalten, weil ich zu viel zu schnell auf einmal will. Zum anderen ist es oft die Angst vor dem Unerwarteten. Aber ich akzeptiere die Schwierigkeit. Die Herausforderung ist dabei Teil des Prozesses.

Es gibt Tage, an denen mir alles leicht von der Hand geht. Ich bin im Flow: Morgens habe ich schon mein Sportprogramm erledigt, kurz aufgeräumt und Frühstück gemacht. Alles geht mir leicht von der Hand, weil ich schon drei Dinge erledigt habe und der Tag noch jung ist. Aber der nächste kann ganz anders aussehen. Ich habe einfach keine Lust, mich zu bewegen, bin genervt und irgendwie ist der Wurm drin.

Dann steigere ich mich in meine schlechte Laune und Antriebslosigkeit hinein. Ich benutze sie als Vorwand und Ausrede, um liegen zu bleiben und keinen Sport machen zu müssen. Auf einmal stelle ich all meine Vorhaben infrage und fühle mich wieder wie eine Versagerin. Am Abend telefoniere ich lange mit einem Freund und schildere ihm mein Problem. Er gibt mir einen ungewöhnlichen Rat mit auf den Weg: »Du musst keine gute Laune haben, um an dir zu arbeiten und deine Ziele zu verfolgen. Du kannst trotz schlechter Laune Sport machen, zur Arbeit gehen und passiv-aggressiv dein Wasser trinken (immerhin bist du gut hydriert beim Pampigsein).«

Seit ich mir selbst erlaube, auch mal mit dem falschen Fuß aufzustehen, kann ich weiter an mir arbeiten, auch wenn es mal holpriger läuft. Traurigkeit und schlechte Laune werden schließlich vorüberziehen. Gefühle kommen nur zu Besuch: Freude, Spannung und Inspiration bringen Kuchen und Sekt mit, und die Zeit fliegt nur so dahin. Heute mache ich auch der Angst, der Trauer und dem Ärger die Tür auf, anstatt sie wie früher auszusperren. Dann bleiben sie auch nicht länger als nötig. Sie poltern herein, ziehen nicht die Schuhe aus, meckern über meine Einrichtung, mein Aussehen und über meine Kochkünste. Ich nicke nur, mache ihnen Kaffee und lasse mir meinen Tag durch sie nicht verderben. Sie werden irgendwann gehen, und nach ihnen kommen wieder angenehmere Gäste.

Meine Zufriedenheit ist nicht davon abhängig, wie viel ich in kurzer Zeit erreichen kann, sondern davon, wie angenehm ich dabei meine Zeit und meinen Alltag gestalte. Erfolge sind wichtige Belohnungen für meine harte Arbeit und motivieren mich, dranzubleiben, aber sie sind nur ein vorübergehender Nervenkitzel, dem ich nicht mehr hinterherjagen will. Erfolg ist, wenn ich täglich etwas tun kann, was mir Freude macht und mich meinen Zielen näherbringt, sei es auch nur der klitzekleinste Schritt in die richtige Richtung. Es gibt immer einen neuen Gipfel zu erklimmen, aber ich mache meinen eigenen Wert nicht davon abhängig, wie schnell ich oben ankomme. Ich gebe meiner Disziplin eine Karotte, klopfe ihr liebevoll auf den Rücken und genieße die Aussicht auf dem Weg zu meiner nächsten Etappe.

Mir kann scheinbar
nichts passieren

Ich verändere
mich nicht

Ich verbessere
mich nicht

Ich gehe keine
Risiken ein

Ich habe ein
Gefühl von Kontrolle

Ich bin uninspiriert

Ich gebe mich mit meiner
Situation zufrieden

Ich fühle mich
unterfordert

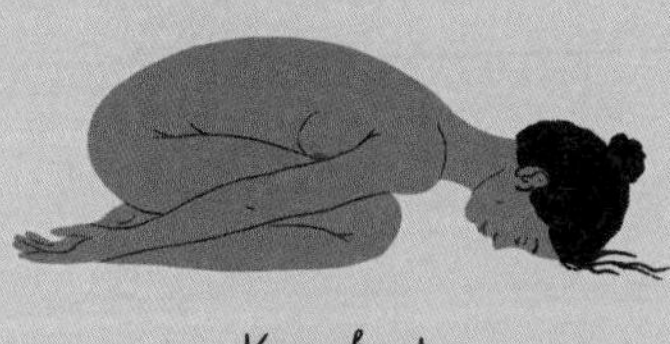

Komfort

Ich habe Angst vor
dem Unbekannten

Ich fokussiere mich auf
Probleme & Hindernisse

Ich habe
viele Ausreden

Ich mache mich von der
Meinung anderer abhängig

Ich beklage
mich viel

Ich glaube
nicht an mich

Ich bin rastlos

Ich prokrastiniere

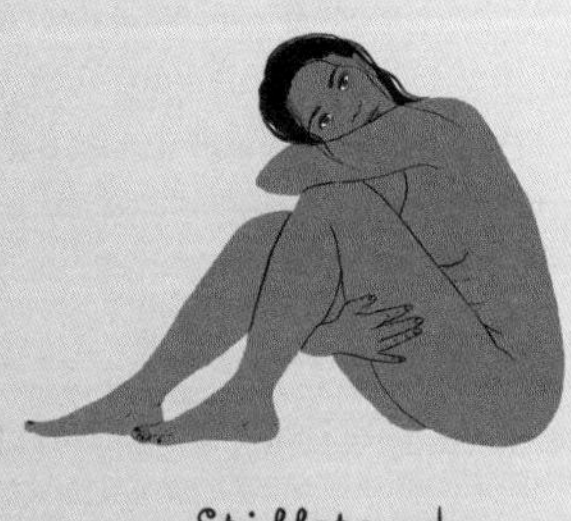

Stillstand

Ich erlerne
neue Fähigkeiten

Ich überwinde
meine Angst

Ich vergrößere
meine Komfortzone

Ich habe mehr
Selbstvertrauen

Ich eigne mir
neues Wissen an

Ich kann meine Emotionen
richtig deuten

Ich erkenne
neue Möglichkeiten

Ich nehme
Herausforderungen an

Lernen

Ich beherrsche
neue Fähigkeiten

Ich bin neugierig
auf Neues

Ich setze mir
neue Ziele

Ich kann Niederlagen
überwinden

Ich heiße das
Unbekannte willkommen

Ich bin mit mir
zufrieden

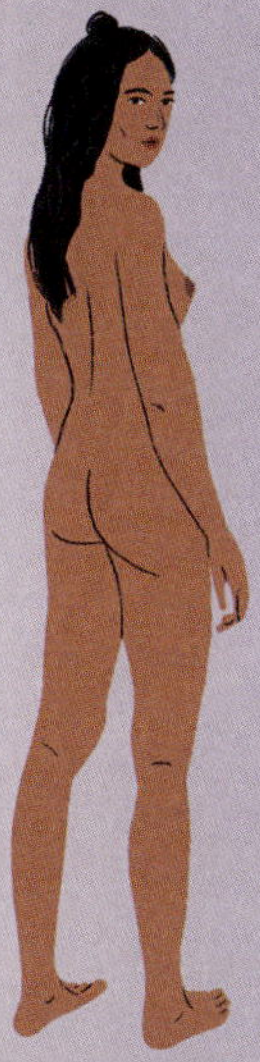

Wachsen

Ich bin am richtigen Ort, zur richtigen Zeit
und habe Vertrauen in meine Entscheidung.

ENTSCHEIDUNG GETROFFEN!

»WIRF DOCH EINFACH EINE MÜNZE, wenn du dich nicht entscheiden kannst! Wenn die Münze in der Luft ist, wirst du meistens genau wissen, was du wirklich tun willst.« Es ist einer dieser Geburtstage meiner Freundin, auf dem ich jedes Jahr denselben Typen wiedersehe, der für jede Frage des Lebens eine passende Schlauität parat hat. Seine Gesprächspartnerin scheint angebissen zu haben. »Spannend, oder?«, fragt er rhetorisch. »Das habe ich vor ein paar Tagen in einer Arte-Doku über Entscheidungen gesehen.« Dramatische Pause. So ein Zufall, das hört sich verdächtig nach einem TikTok-Video an, das ich vor einer Stunde im Bus gesehen habe.

Wenn Entscheidungen so einfach wären, kann ich schon morgens damit anfangen, eine ganze Münzsammlung zu werfen: Was soll ich anziehen? Kopf: Leggings, Zahl: Jeans. Ich schnipse das Ein-Euro-Stück in die Luft. Okay, ich glaube, ich fühle mehr die Jeans. Beeindruckt, dass ich es sogar geschafft habe, die Münze zu fangen und gekonnt auf meinem Handrücken zu platzieren, hebe ich meine Hand: Kopf. Na toll, was nun? Jetzt habe ich ein Problem mehr. Muss ich mir merken und den Typen auf der Geburtstagsparty nächstes Jahr fragen. Weiter geht's: Was soll ich frühstücken? Wann mache ich Sport? Was esse ich zu Mittag und zu Abend? Kann mich die Münze sogar vor der obligatorischen ein-

»Ich liebe es, sieben verschiedene Menschen um Rat zu bitten, um am Ende doch das zu tun, was ich schon von vornherein vorhatte.«

ständigen Suche nach einer passenden Serie auf Netflix bewahren? Vielleicht hilft sie bei lebensverändernden Entscheidungen wie Job wechseln, Umziehen und Kinder kriegen? Mit einem lauten Klirren schlägt die Münze auf dem Boden auf und rollt unters Sofa. Meine beiden Katzen jagen hinterher. Vermutlich brauchen sie auch Hilfe bei der Entscheidung, ob sie ihr Schläfchen lieber im Schrank oder im Wäschekorb machen sollen.

Zumindest gibt es ein paar Wege, alltägliche und immer wiederkehrende Entscheidungen zu automatisieren. Mein »Ich habe nichts zum Anziehen«-Problem kriege ich durch rigoroses Ausmisten meines Kleiderschranks in den Griff. Genau, damit ich noch weniger zum Anziehen habe! Es stellt sich nämlich heraus, dass das »Nichts« eigentlich zu viele, nie getragenen Klamotten sind, in denen ich mich unwohl fühle. Auch wenn mein Herz blutet, nützt es ja nichts, die Sachen zu behalten, damit sie nur verstauben. Je mehr Möglichkeiten es gibt, desto schwerer fällt mir die Entscheidung. Deshalb hilft es mir, mich im Alltag zu limitieren: ein ähnliches Frühstück, eine Auswahl an Rezepten, die ich jede Woche neu zusammenstelle, oder feste Tage für bestimmte Haushaltspflichten.

Wichtige Entscheidungen, die sich nicht so leicht automatisieren lassen, wie die Wahl des nächsten Urlaubsziels, der Umzug in eine neue Wohnung oder die Anschaffung eines neuen Autos, schob ich früher ewig vor mir her. Der

Druck, potenziell etwas zu verpassen, was das ganze Leben verändern könnte, sich zu verkalkulieren und viel Geld in den Sand zu setzen oder die kostbare Freizeit zu verschwenden, war einfach zu groß. Da recherchiert man wochenlang, führt Pro- und Contra-Listen und befragt Freunde und Familie, nur damit man am Ende 6000 Euro ärmer in einem Gebrauchtwagen sitzt, der komisch riecht und drei Monate später den Geist aufgibt. Entscheide ich also lieber morgen oder nächste Woche oder vielleicht nächsten Monat.

Das Problem zu verschieben, ist leider eine sehr kurzfristige Lösung und macht es am Ende nur noch größer. Wenn ich mich in Ausflüchten verliere, versuche ich mich daran zu erinnern, dass ich immerhin das Privileg einer Wahl habe. Ich schließe die Augen und gehe alle Möglichkeiten im Kopf durch. Vielleicht hilft mir ja mein Bauchgefühl.

Da gibt es beispielsweise eine Galaxie, in der eine Version von mir einen Neuwagen least und bei jedem Einparken Schweißausbrüche bekommt. Jeder Kratzer kostet nämlich 300 Euro, aber dafür funktioniert alles, es gibt eine Sitzheizung, und das Smartphone verbindet sich automatisch. Will ich den Komfort

»
›Was wäre, wenn‹ ist eine schöne Träumerei, welche nie mehr meine Wirklichkeit werden kann.
«

gegen den Stress eintauschen, keinen Fehler zu machen? So wie ich mich kenne, will ich dann überhaupt nicht mehr Auto fahren.

Währenddessen tuckert Tausende von Galaxien entfernt eine andere Alissa-Version in ihrem Gebrauchtwagen über die Autobahn. Auch sie hat Schweißausbrüche, nur werden sie dieses Mal von dem komischen Geräusch aus der Motorhaube ausgelöst. Dafür liegt noch ein guter Teil des Ersparten sicher auf der Bank und wird entweder langsam von der Inflation, Aliens oder der bevorstehenden Reparatur aufgefressen. Hm, fühlt sich schon besser an! Immerhin kann ich mich etwas entspannen, falls der Rhododendron der Nachbarn beim Ausparken doch etwas näher am Heck stand, als ich dachte.

Es kann durchaus helfen, die Gedankenreise in verschiedene Versionen meines Lebens zu unternehmen und die unterschiedlichen Möglichkeiten nachzuvollziehen. Manchmal werden Probleme klarer, manchmal kristallisieren sich neue Möglichkeiten heraus. Ist die Entscheidung aber endlich getroffen, ist es mir besonders wichtig, fest in meiner Realität zu bleiben und mich nicht mehr in den Paralleluniversen zu verlieren. Ich kann (bisher zumindest) kein Portal öffnen und doch lieber die andere Möglichkeit auswählen. Wofür mich also selbst stressen? »Was wäre, wenn« ist eine schöne Träumerei, welche nie mehr meine Wirklichkeit werden kann.

Es ist Ende Mai, und ich befinde mich in meiner eigenen Galaxie, der Milchstraße. Da ich zu lange gewartet habe, ist das Gebrauchtauto, für das ich mich endlich entschieden habe, längst weg, und ich muss bis auf Weiteres mit der Bahn fahren. Der kalte Wind weht mit der geballten Kraft meiner Unentschlossenheit in mein Gesicht, aber zwischendurch wärmt die Sonne schön. Ich stehe auf dem Balkon und versuche mich zu entscheiden, ob ich noch einen dicken Pulli einpacken soll. Kann ich mich wirklich auf den Wetterbericht verlassen? Was, wenn das Wetter umschlägt? Was ist, wenn ich abends friere? Es wird so nervig sein, den ganzen Tag diesen blöden Pulli mitzuschleppen. Vermutlich brauche ich ihn überhaupt nicht. So wie ich mich kenne, kriege ich es sicher auch noch hin, ihn am Ende zu verlieren. Hier komme ich meistens in die Gedankenspirale »Ach, hätte ich mal nicht so ewig gezögert und das Auto gekauft, dann würde ich mich nicht so stressen«. Seit geschlagenen zwanzig Minuten rege ich mich über etwas auf, worauf ich keinen Einfluss mehr habe, und der Auslöser war ein Pulli. Aber heute nicht, denn ich bin ja am richtigen Ort. Zur richtigen Zeit. Und ich habe Vertrauen in meine Entscheidung.

Die 10-10-10 Methode: 10 Minuten, 10 Monate, 10 Jahre von Suzy Welch kann helfen, Dinge aus einer anderen Perspektive zu betrachten. Ich schließe die Augen und stelle mir die nächsten zehn Minuten in der Wildnis der Innenstadt ohne Pulli vor: Es ist ein bisschen frisch, aber angenehm, und ich laufe unbeschwert mit meiner kleinen Tasche Richtung Hauptbahnhof. Hm, und wie werde ich darüber in zehn Monaten denken: Vermutlich werde ich es vergessen haben. In zehn Jahren wird mich meine Mutter aber mit Sicherheit noch daran erinnern, »als ich das eine Mal im Mai so gefroren habe, weil ich keinen Pulli mitnehmen wollte«.

Beim Kauf eines neuen Autos sieht es schon anders aus: In zehn Minuten werde ich eine Stange Geld los, in zehn Monaten habe ich nicht nur den Komfort, schnell von A nach B zu kommen, sondern kann auch so viele extra Pullis mitnehmen, wie ich will. Und in zehn Jahren habe ich es vermutlich schon längst abbezahlt und verschwende keinen einzigen Gedanken mehr daran.

Ich will auf meine Entscheidungen vertrauen und für sie Verantwortung übernehmen, auch wenn es mal nicht so läuft, wie ich es mir gewünscht habe.

ENTSCHEIDUNG GETROFFEN!

Oft hilft es mir, wenn ich alle Möglichkeiten, Fakten und Gefühle zu Papier bringe. Hier ist eine kleine Hilfe, für mehr Klarheit, du kannst sie auf www.knesebeck-verlag.de herunterladen.

Problem:

Datum: Entscheidung muss getroffen sein bis:

Signifikanz	trivial	ungefährlich	bedeutend	wichtig	lebensverändernd
Gefühl	ängstlich	verwirrt	neutral	sicher	sehr sicher

Fakten Option A	Fakten Option B

Schlussfolgerung:

Bauchgefühl Option A	Bauchgefühl Option B

Schlussfolgerung:

Im besten Fall:

Im schlimmsten Fall:

So habe ich mich entschieden:

Das sind die nächsten Schritte:

Ich kann Dinge schaffen,
die auf den ersten Blick unmöglich erscheinen.

DIE PERFEKTE NIEDERLAGE

EIN GRIFF INS KLO ist oftmals der erste Schritt, um etwas zu meistern. Aber wer will schon freiwillig in die Schüssel greifen? Wenn nur der Erfolg einem Recht gibt, wenn Niederlagen und Fehlversuche sich einfach nicht so gut in der Instagram-Story machen und wenn an erster Stelle Begabung und Talent stehen, kann es eine ganze Weile dauern, bis man erkennt, dass Scheitern nun mal zum Leben gehört. Und auch wenn es mir oft so vorkommt: Ich bin damit nicht allein, denn wir greifen alle zusammen ab und zu in dasselbe Klo. Ich werde zwar scheitern, aber ich bin nicht zum Scheitern verurteilt.

»Ich kann das nicht! Alle sind besser als ich! Ich werde mich blamieren! Das wird sowieso nichts! Ich bin nicht gut genug …!« Diese Glaubenssätze haben sich dermaßen in mein Gehirn eingebrannt, dass ich schon das Handtuch werfe, bevor ich mich den Herausforderungen überhaupt stellen kann. Es gibt so viele Dinge, von denen ich überzeugt bin, dass ich sie einfach nicht kann: vor vielen Menschen sprechen, jegliche sportliche Betätigung, Autofahren, Orientierung in fremden Städten und alles, was mit Mathe und Zahlen zu tun hat.

Leider bin ich irgendwann fast täglich mit genau diesen Dingen konfrontiert, und statt die Probleme einzeln anzugehen und etwas zu verändern, gehe ich den Weg des geringsten Widerstands. Wenn ich mich beispielsweise bei

Präsentationen nur so klein wie möglich mache, habe ich vielleicht Glück und werde einfach übersehen. Das Problem mit dem Rechnen habe ich gelöst, indem ich etwas ohne Mathe studiert habe – dachte ich zumindest. Und das mit der Orientierung ist sowieso eine Sache für sich. Hilflos frage ich mich, wieso das Universum so ungerecht ist und mir so viele Dinge verwehrt. Beispielsweise kann sich eine frühere Arbeitskollegin problemlos in einer fremden Stadt orientieren, ohne auch nur einen zweiten Blick in die Karte werfen zu müssen. Ich schaffe es selbst in der Stadt, in der ich seit 25 Jahren lebe, mich trotz Google Maps zu verlaufen. Woran andere nicht mal einen Gedanken verschwenden, scheint für mich unerreichbar. Die Erklärung liegt für mich auf der Hand: »Ich habe offensichtlich keine passende Gehirnwindung dafür!« Dieser Platz auf meiner Speicherkarte ist anscheinend schon belegt.

Lange Zeit habe ich nicht bemerkt, wie sehr ich mich selbst begrenze, weil ich Angst vor dem Scheitern habe. Ich verpasse viele Möglichkeiten und Erfahrungen und bin durch meinen Perfektionismus wie gelähmt, weil ich schon von vornherein entschieden habe, dass es sowieso nichts für mich ist. Ich bin sowieso nicht gut genug, wieso soll ich mich freiwillig blamieren? Ich nehme zwar viele Dinge mit Humor, aber selbst mir vergeht irgendwann das Lachen, wenn ich nach geschlagenen zwanzig Minuten immer noch nicht in die Parklücke komme.

»Wie war das noch mal mit dem Dreisatz?« Hilflos starre ich auf das offene Dokument meiner ersten Rechnung als Selbstständige. Die altbekannte Mischung aus Verzweiflung und Wut über meine eigene Inkompetenz macht sich breit. Aahhhh. Ich grunze und atme das unangenehme Kribbeln in meiner Magengegend ein bisschen weiter nach unten, mehr in Richtung linke Wade. Meine Stirn macht ein dumpfes Geräusch, als ich meinen Kopf auf der kühlen Tischplatte ablege. Hohl! Sage ich doch.

Trotzdem will ich es um jeden Preis schaffen! Ich habe endlich meinen ersten Auftrag als Illustratorin, und es führt absolut kein Weg an der unliebsamen Buchführung vorbei. Dieses Mal werde ich nicht aufgeben. Ich hebe den Kopf und fixiere trotzig den blinkenden Strich des Cursors auf der leeren Seite. Damit habe ich am Anfang meines Studiums wortwörtlich nicht gerechnet. Von wegen: »nichts mit Zahlen!«. Das Schicksal hat einen unverkennbar guten Sinn für Humor, das muss ich ihm lassen.

Zwei Stunden, drei Telefonate, zehn YouTube-Tutorials und unzählige Internetartikel später leuchtet mir meine erste Rechnung am Computerbildschirm entgegen. Geht doch! Mein Auge zuckt leicht, aber ich habe mich durchge-

»
Es gibt nichts, was ich noch erreichen muss, um gut genug zu sein.
«

kämpft: Was, wenn die Dinge doch nicht so in Stein gemeißelt wären? Unaufhaltsam prasseln die Erinnerungen auf mich ein, die ich sonst so gut es geht verdränge: meine vermasselten Fahrprüfungen, meine Fünfen in Mathe, meine schlechten Präsentationen, meine unterirdischen sportlichen Leistungen. Beschämt verschränke ich die Hände vor dem Gesicht: Die Zeit bleibt nicht stehen, nur weil ich mich über mich selbst ärgere und mir im Weg stehe. Ich lasse meine Erwartungshaltung los, immer perfekt sein zu müssen. Ich will auch kleine Erfolge feiern und versuchen, meine Niederlagen mit so viel Nachsicht wie möglich zu akzeptieren. Ich will lernen, mir zu verzeihen, wenn ich scheitere. Ich kann Dinge schaffen, die auf den ersten Blick unmöglich erscheinen.

Ich lasse die idealisierte Version meiner Vergangenheit los, denn sie wird nicht mehr Realität werden.

Mit der Zeit lerne ich, dass sich meine Definition von Erfolg von der gesellschaftlichen Definition unterscheiden darf. Es gibt nichts, was ich noch erreichen muss, um gut genug zu sein. Mein Wert lässt sich weder an meinem Kontostand noch an meinen beruflichen oder akademischen Leistungen messen. Ich bin bereits gut genug. Ich muss mich nicht mit anderen vergleichen, ich darf scheitern, darf klein anfangen. Ich will mein Leben abseits der Konkurrenz und des ewigen Vergleichs führen. Aus Niederlagen zu lernen, heißt, sich seinen verletzlichsten Momenten zu stellen: Wie habe ich das Scheitern in meiner Kindheit erlebt? Habe ich schlechte Erfahrungen in der Schulzeit gemacht? Wie definiere ich meine Niederlagen bisher? Wie verhalte ich mich nach einer Niederlage? Oft sind es gar nicht die Erfahrungen selbst, die mich zurückhalten, sondern die falschen Schlüsse, die ich aus ihnen ziehe. Nur weil ich etwas mehr Zeit als andere brauche, bedeutet es nicht, dass ich nicht schlau genug oder nicht gut genug bin.

Klar ist es toll, wenn die Dinge nach Plan laufen, aber wenn ich keine Fehler machen will, nehme ich mir die Chance, mich selbst neu kennenzulernen. Nach jedem Scheitern bin ich nicht mehr dieselbe Person wie zuvor, denn ich habe Einsichten und Perspektiven dazugewonnen. Fahre ich gerne Auto? Nein, aber zumindest setze ich mich ans Steuer. Ich habe aus meinen negativen Erfahrungen gelernt und kann mich der nächsten Herausforderung mit neuem Wissen entgegenstellen, anstatt mich vor ihr zu verstecken. Heute bin ich bereit, es noch einmal zu versuchen, auch wenn es keinen Spaß macht, auch wenn es mir nicht auf Anhieb gelingt, auch wenn ich weiß, dass es schwer wird.

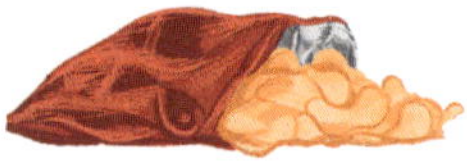

Schritt 1 – Ich brauche eine Pause

Ich lasse mir selbst eine große Portion Mitleid zukommen! Es ist wichtig, sich nach Rückschlägen mental auszuruhen und wieder zu Kräften zu kommen. Ich ziehe die Vorhänge zu, bestelle Pizza und schaue mir Serien an, die mir Trost spenden.

Schritt 2 – Ich habe es dieses Mal nicht geschafft!

Ich akzeptiere mein Scheitern und ordne es richtig ein! Nur weil es dieses Mal schiefgelaufen ist, heißt es nicht, dass es ab jetzt immer so laufen wird. Ich werde scheitern, aber ich bin nicht zum Scheitern verurteilt.

Schritt 3 – Es sind nicht die Erfahrungen …

… sondern die Schlüsse, die man aus ihnen zieht! Ich gehe die Situation im Kopf durch und analysiere Schritt für Schritt, wo die Fehlerkette angefangen hat. Hätte ich in dem Moment überhaupt anders handeln können? Hatte ich darauf Einfluss, oder lag es gar nicht in meiner Hand?

Schritt 4 – Ich halte durch

Echte Stärke ist, weiterzumachen, obwohl es gerade schwer ist.
Es gibt noch genug Chancen für mich.
Ich habe die Kraft, mich wieder aufzurappeln.
Ich blicke stolz zurück auf alles, was ich gemeistert habe.

Schritt 5 – Ich nehme Hilfe an

Ich lerne aus den Erfahrungen von anderen. Ein Gespräch mit Freunden oder Arbeitskollegen kann helfen, eine andere Perspektive zu bekommen. Ich bin nicht auf mich alleine gestellt.

Schritt 6 – Fehler gehören dazu

Heute weiß ich, dass Scheitern und Erfolg keine Gegensätze sind, sondern dass beides zusammengehört.

Ich vertraue auf meine eigene Stärke
und blicke der Zukunft ohne Angst entgegen.

STRESS, LASS NACH!

WIR ALLE HABEN unterschiedliche Stresslevel. Meins ist beispielsweise schon bei einem verbrannten Toast am Morgen gefährlich hoch. Auf der anderen Seite des Spektrums schafft es eine Freundin, in aller Seelenruhe ihren Apfelkuchen aufzuessen, während das kleine Kind eines befreundeten Paares Anstalten macht, sich auf ihren teuren Flokati zu übergeben.

Mich in Gelassenheit zu üben, war zugegebenermaßen noch nie meine Stärke. Wenn ich meinen Tag nicht gerade lesend auf dem Sofa verbringe, während meine Katzen alle schlechten Energien wegschnurren, muss ich damit rechnen, dass mein Stresspegel langsam ansteigt, sobald etwas nicht nach Plan läuft. In solchen Momenten suche ich oft vergeblich nach Möglichkeiten, einen kühlen Kopf zu bewahren. Also akzeptiere ich den Stress als dauerhaften Zustand und wundere mich, dass ich oft gereizt und unausgeglichen bin.

Eigentlich sind es immer dieselben Dinge, die mich aus der Ruhe bringen: zu wenig Zeit, um mich auf den Tag vorzubereiten, eine unordentliche Wohnung und die Suche nach Schlüsseln, Geldbeutel und Smartphone. Ist diese Art von Stress vermeidbar? Jep! Wenn man jedoch in seinen Gewohnheiten festgefahren ist, sind einem die einzelnen Stressfaktoren oft gar nicht bewusst. Ich habe nie gelernt, meine festgefahrenen Routinen mal zu hinterfragen.

So sitze ich Tag für Tag überfordert und hungrig am Schreibtisch und bin schon gegen Mittag fix und fertig mit den Nerven. An einem besonders stressigen Montag läuft das Projekt, an dem ich gerade arbeite, nicht so rund, wie es soll. Die Korrekturen ziehen sich in die Länge, mein ganzer Tagesablauf gerät ins Wanken. Ich muss eigentlich schon längst auf dem Weg zu einem Meeting sein, aber der Kunde will eine letzte klitzekleine Änderung nach der nächsten. Bei der »jetzt aber wirklich letzten Bitte« zischt es schon verdächtig laut aus meinen Ohren. Ich stehe unter Druck wie ein Wasserkessel, der zu lange auf dem Herd war. Hätte ich doch nur eine halbe Stunde mehr eingeplant, wäre ich jetzt deutlich entspannter.

Hätte, hätte. Mit zehn Minuten Verspätung beschwöre ich verzweifelt den Parkplatzgott, mir doch bitte eine möglichst große Parklücke zu bescheren, damit ich doch noch halbwegs pünktlich zum Termin komme. Meine Gebete werden nicht erhört, und ich bin kurz davor, das Auto mitten auf der Straße stehen zu lassen und mich mit 20,75 Euro in bar und einem angebissenen Schokoriegel nach Argentinien abzusetzen. Ein wütendes Hupen unterbricht meine Fluchtpläne.

Irgendwie schaffe ich es, den restlichen Tag zu überstehen, und lasse abends erleichtert die Tür hinter mir ins Schloss fallen. Stress lass nach! Aber auch die verbleibenden Stunden kann ich nicht richtig abschalten, weil meine

Gedanken um den ganzen Ärger des vergangenen Tages kreisen. Und in weniger als zehn Stunden wird alles von vorne losgehen. Zum Heulen! »Was soll ich denn machen? Der Tag hat nur 24 Stunden! Ich habe einfach nicht genug Zeit, wie soll ich das alles schaffen?« Mein Kater Pablo schaut mich vorwurfsvoll an. Ich starre zurück. »Na gut, vielleicht habe ich auch einfach keinen Bock, früher aufzustehen! Du hast gut reden!«, gebe ich kleinlaut zu. »Aha!« Besserwisserisch putzt er seine linke Pfote.

Meine Untätigkeit hat die tägliche Konsequenz, dass sich nichts ändert, obwohl ich mich so sehr nach Veränderung sehne. Wie soll ich äußere Stressfaktoren besser aushalten, wenn ich mir nicht mal selbst zutraue, die Dinge endlich anzugehen? Da ist es erträglicher, den Grund für mein Versagen nicht bei mir, sondern in den äußeren Umständen zu suchen. Ich halte mich an festgefahrene Wege, die mir viel Leid bereiten, weil mir der Mut fehlt, abzubiegen, bevor ich wieder am selben Punkt lande. Das Problem löst sich nicht in Luft auf, weil ich es ignoriere, im Gegenteil: Es wird immer größer. Ich suche nach einer Abkürzung, die sich jedoch als viel beschwerlicher entpuppt. Jeder Tag wird anstrengender, und am Ende bin ich »überrascht«, weil mich Kleinigkeiten aus der Fassung bringen. Dabei hat sich der Stress bereits über Monate aufgebaut. Das Verweilen in meiner Komfortzone richtet langfristige Schäden an.

Und auch wenn es naheliegend erscheint: Um aus meinem Erschöpfungszustand zu kommen, brauche ich nicht Ruhe, sondern eine langfristige Restrukturierung meines Alltags. Wenn ich mich einfach nur ausruhe, kehre ich in dasselbe Hamsterrad zurück, das mich überhaupt erst in diese Lage gebracht hat.

Vielleicht sollte ich das Ganze mal systematisch angehen. Wie war das denn noch mal mit der Braindump-Methode? Bestandsaufnahme: Morgenroutine. Mal sehen: Schlafen bis 8 Uhr, eventuell kurz bei Instagram vorbeischauen. Um 8.20 Uhr schnell duschen, um 8.30 Uhr einen schnellen Kaffee trinken, um 8.40 Uhr ab an den Schreibtisch. Bis 10 Uhr an einer Aufgabe sitzen und die Zeit vergessen. Um 10.30 Uhr fluchen, dass ich fast einen Termin verpennt habe. Um 11 Uhr sehr lautes Magenknurren.

Mein morgendliches Chaos schwarz auf weiß zu sehen, hilft mir, endlich aufzuwachen. Erst jetzt fällt mir auf, dass das, was ich da mache, mich nicht umsonst so auslaugt. Ich will meine Energie schützen und in die Dinge stecken, die mich weiterbringen.

» Viele Probleme lassen sich lösen, indem man ein paar Gewohnheiten und Menschen hinter sich lässt. «

Um etwas zu verändern, muss ich einen Handel eingehen. Eine Stunde früher mein gemütliches Bett verlassen? Im Austausch für einen entspannteren Start in den Tag hört sich das auf einmal nicht mehr so schlimm an. Ich konzentriere mich nicht auf das gemütliche Bett, das ich früher verlassen muss, sondern auf die Zeit, die ich dadurch gewinne. Das frühere Aufstehen ist zunächst anstrengend und eine Umstellung, aber es bringt mich aus meiner Passivität heraus, und ich schaffe es, eine erste Routine zu etablieren. Die fünfzehn Minuten, in denen ich noch im Bett liegen bleibe und am Smartphone bin, sind zwar nicht optimal, aber sie helfen mir vorerst, wach zu bleiben. Rom wurde ja auch nicht an einem Tag erbaut. So habe ich endlich Zeit zu frühstücken und sogar eine extra Viertelstunde, um meine Termine für den Tag durchzugehen.

Je mehr Stressfaktoren ich eliminieren kann, desto mehr stelle ich unter Beweis, dass ich es sehr wohl schaffe, meine Ziele zu erreichen. Ich entwickle eine wertvolle Ressource, um mich gegen äußere Stressfaktoren zu wappnen: Das Vertrauen in meine eigene Stärke und die Gewissheit, die Dinge zu meistern, die ich mir vornehme. So blicke ich der Zukunft ohne Angst entgegen.

Natürlich habe ich nicht auf alles Einfluss, was mich stressen könnte. Heute reagiere ich jedoch deutlich gelassener auf beschädigte Pakete, platte Reifen oder abstürzende Programme, weil ich eine andere Ausgangslage habe. Die kleinste Unannehmlichkeit treibt mich nicht mehr in die Verzweiflung, weil noch genug Platz auf der Stressskala ist und ich wiederkehrende Stressfaktoren schneller identifizieren kann.

Ironischerweise stelle ich schnell fest, dass die nervigen Ratschläge, bei denen ich früher sofort die Augen verdreht habe, tatsächlich helfen: genug Zeit einplanen, um in den Tag zu starten, Pausen machen, an die frische Luft gehen,

Sport treiben, genug schlafen und zu guter Letzt die Lösung für alles: Wasser trinken. Ich habe irgendwie Kopfschmerzen. Habe ich genug Wasser getrunken? Warum habe ich so schlechte Laune? Habe ich genug Wasser getrunken? Warum bin ich so müde? Habe ich genug Wasser getrunken? Warum ist das Konto überzogen? Habe ich genug Wasser getrunken?

Gut hydriert und mit einem Snack in der Tasche habe ich auch genug Kapazitäten, um mich dem Erzfeind zu stellen: der Angst vor dem Unbekannten. Nicht zu wissen, was kommt, mich nicht vorbereiten zu können und keine Kontrolle zu haben, ist immer noch purer Stress für mich. Dabei ist das Unbekannte erst einmal neutral, es ist weder positiv noch negativ. Trotzdem ist die Angst vor dem »Was wäre, wenn?« schwer auszuhalten. Stehe ich vor einer Situation, die ich nicht überblicken kann, geht das Kopfkino los! Ab jetzt schaue ich nicht mehr auf die imaginäre Leinwand, wo sich gerade sämtliche Worst-Case-Szenarien abspielen, sondern verlasse meinen Platz in der ersten Reihe des Kopfkinosaals und kehre ins Hier und Jetzt zurück. Bin ich gerade ernsthaft in Gefahr? Kann mir wirklich etwas Schlimmes passieren?

Ich wende mich an eine Person, die schon viele unangenehme und angsteinflößende Situationen bewältigt hat: an mich selbst. So wie ich heute weiß, dass mein früheres Ich alle Situationen, vor denen ich damals Angst hatte, gemeistert hat, so vertraue ich darauf, dass es eine Version von mir in der Zukunft gibt, die bereits die Antworten kennt.

Blocke deine wiederkehrenden Termine in einem Kalender.

EINE BESTANDSAUFNAHME

Ich schaue mir meinen typischen Tag an und schreibe mir Punkt für Punkt die einzelnen Routinen, To-dos, Termine etc. auf, die zu erledigen sind.

Hier sind ein paar Anhaltspunkte:

- Morgenroutine
- Care Arbeit (Tagesablauf mit Kindern)
- Arbeitsweg
- Arbeit
- Sport
- Haushalt
- Essen zubereiten
- Freizeit
- Abendroutine

Jetzt nehme ich mir alle Tätigkeiten (Morgenroutine, Arbeitsweg etc.) einzeln vor und lasse sie Revue passieren – so wie sie derzeit ablaufen. Ich dokumentiere den Prozess anhand folgender Punkte:

- In welche Schritte lässt sich die Tätigkeit unterteilen?
- Wie viel Zeit benötige ich, um sie zu erledigen?
- Wo verliere ich viel Zeit?
- Wo verliere ich Geld?
- Was frustriert mich am meisten?
- Was wird derzeit nicht so schnell oder so gut erledigt?
- Was fällt ganz unter den Tisch?
- Was muss optimiert werden?

EIN NEUES SYSTEM

Jetzt schaue ich mir an, wie ich die Tätigkeit, die ich systematisieren will, derzeit ausführe, und stelle mir folgende Fragen:

- Sind alle Schritte notwendig, oder kann etwas weg?
- Wäre es besser, die Reihenfolge zu verändern?
- Wie lässt sich etwas schneller erledigen?
- Brauche ich eine Erinnerung, um Dinge nicht zu vergessen?
- Können einige Schritte oder der gesamte Prozess durch technische Hilfsmittel oder ein Softwareprogramm automatisiert werden?
- Gibt es bestimmte Schritte des Prozesses, die jemand anderes übernehmen könnte, z. B. jemanden einstellen, der beim Rasenmähen hilft, Lebensmittel liefern lassen etc.
- Müssen Hilfsmittel, die ich derzeit verwende, evtl. aufgerüstet werden?

Danach schreibe ich einen neuen optimierten Plan für jede Tätigkeit, den ich 14 Tage lang teste. Manchmal arbeite ich auch nur an einer Sache (Haushalt). Am Ende stelle ich mir noch einmal folgende Fragen:

- Was funktioniert besser?
- Was funktioniert nicht?
- Wie viel Zeit konnte ich einsparen?
- Was kostet es mich? Sind die Kosten angesichts der Ergebnisse akzeptabel?
- Bin ich weniger gestresst?
- Gibt es irgendwelche Lücken im System?
- Kann etwas noch weiter optimiert werden?

Auch wenn das System jetzt besser läuft, lohnt es sich ab und an, Prozesse zu überprüfen und an die Lebensumstände anzupassen. Dann bietet es sich an, die Liste von vorn abzuarbeiten.

Ich nehme meine Gefühle an,
ohne sie zu bewerten und mich von ihnen leiten zu lassen.

ES GIBT VIEL ZU FÜHLEN

»DAS IST EINE ABSOLUTE UNVERSCHÄMTHEIT, ich warte hier schon seit Stunden, und Sie nehmen Leute dran, die seit zehn Minuten hier sind! ICH HATTE EINEN TERMIN UM 10 UHR, UND WIR HABEN SCHON 11.20 UHR!«, brüllt die nette Dame neben mir aus voller Kehle. Auch ich sitze seit ungefähr vierzig Minuten im überfüllten Wartezimmer und muss jetzt auch noch wegen meines geplatzten Trommelfells einen Termin beim HNO vereinbaren. Mit hochrotem Kopf schießt sie aus ihrem Stuhl hoch und marschiert wütend zur Rezeption, während sich alle Köpfe gespannt nach ihr umdrehen. Endlich passiert hier mal etwas!

Mit einem warmen Lächeln kommt ihr die Ärztin beschwichtigend entgegen und erklärt mitfühlend, dass ein Notfall leider nicht warten konnte. »Sie hatten bestimmt etwas Besseres zu tun. Das tut mir wahnsinnig leid, ich kann Ihre Wut verstehen!« Verwirrt, dass sie endlich anerkannt und gehört wird, klappt die Dame ihren Mund karpfenartig auf und zu. Ihr Kopf, der noch vor einer Minute in orangeroten Tönen changierte, neutralisiert sich langsam zu einem beschämten Rosa, und ich höre sogar ein leises, verlegenes Lachen, als beide im Behandlungsraum verschwinden. »Donnerwetter!«, fasst der ältere Herr neben mir die Darbietung treffend zusammen.

» Inwieweit ich mich negativ von anderen beeinflussen lasse, entscheide immer noch ich selbst! «

Emotionale Intelligenz bedeutet für mich zum einen, dass ich meine eigenen Emotionen erkennen, reflektieren und verarbeiten kann. Die Frau aus dem Wartezimmer ist allem Anschein nach dazu nicht in der Lage. Bevor ich mich jedoch in die Reihe der anderen Patient:innen einreihe, die genervt die Augen rollen und empört die Köpfe schütteln, muss ich mir selbst eingestehen, dass ich recht ähnliche Emotionen wie sie durchlebe. Auch ich sitze schon seit vierzig Minuten in diesem Wartezimmer und werde von Minute zu Minute genervter und wütender. Die Zeit rennt dahin, und ich muss eigentlich längst zurück am Schreibtisch sein. Mir ist auch nach Brüllen zumute, weil ein Mann ohne Termin vor mir aufgerufen wurde. UNVERSCHÄMTHEIT! Als es immer später wird, fühle ich mich übergangen und nicht ernst genommen. Typisch, ich bin wieder so unscheinbar, dass man mich einfach übersieht. Stopp!

Ich atme tief durch. Die Situation hat nichts mit mir zu tun. Ich muss nicht alles auf mich beziehen! Ich lasse mich nicht von Dingen beeinflussen, die außerhalb meiner Kontrolle liegen. Ich kann in diesem Moment sowieso nichts ändern und lasse mir dadurch nicht den ganzen Tag verderben.

Zum anderen ist emotionale Intelligenz auch die Fähigkeit, den Gefühlszustand anderer zu erkennen und angemessen darauf zu reagieren. Eventuell wäre die Situation noch weiter eskaliert, wenn die Ärztin oder die Sprechstundenhilfe die aufgebrachte Frau zurechtgewiesen hätten. Zumindest wären beide voneinander genervt gewesen, was eventuell der Behandlung im Weg gestanden hätte. Sich in den emotionalen Zustand von anderen hineinzuversetzen – mag er angebracht gewesen sein oder nicht – entschärft viele Situationen und kann den gesamten Verlauf einer Situation verändern.

Meine eigenen Gefühle zu verstehen und richtig einzuordnen, ermöglicht mir Klarheit, Selbstbestimmung und mehr Selbstbewusstsein in emotional aufgeladenen Situationen. Ich kann darauf vertrauen, dass ich Situationen richtig einschätze und mich vor unnötigem Leid und Ärger besser schützen kann. Warum bin ich eigentlich gerade so sauer, wütend oder verärgert? Weil ich mich nicht verstanden oder wertgeschätzt fühle? Weil ich heute schlecht geschlafen habe und deshalb schnell gereizt bin? Oder weil ich unzufrieden mit meiner derzeitigen Situation bin und eine Pause brauche? Sich mit starken Emotionen wie Wut oder Trauer auseinanderzusetzen und sie nicht gleich zu verdrängen, ist ein wichtiger Schritt, sich selbst besser zu verstehen. Um meine Emotionen selbst regulieren zu können, muss ich lernen, über längere Zeiträume negative Gefühle auszuhalten.

Wenn früher jemand Kritik an mir äußerte, war ich entweder sofort im Verteidigungs- oder Angriffsmodus. Heute versuche ich, Kritik erst einmal neutral

zu begegnen. Hm, vielleicht sollte ich mir demnächst wirklich mehr Zeit nehmen oder besser zuhören. Kann es mir nicht eigentlich egal sein, wenn eine entfernte Bekannte auf einer Party einen schlechten Witz über meine Hose macht? Bin ich jetzt so defensiv, weil ich eigentlich unzufrieden mit mir selbst bin und mich ihre Kritik deshalb aus dem Konzept bringt? Anstatt direkt anzunehmen, dass sie mich nicht leiden kann, und mir einen gemeineren Konter zu überlegen (den ich eh niemals aussprechen würde, weil ich mich nicht traue), frage ich einfach mal nach: »Wieso, was ist denn nicht in Ordnung mit der Hose?«

Anstatt sie sofort zu meiner Erzfeindin zu erklären und mich noch wochenlang später über sie aufzuregen, versuche ich zu überlegen, warum sie über-

haupt etwas gesagt hat. Wollte sie jemanden beeindrucken und witzig sein? Dann war ich vermutlich zur falschen Zeit am falschen Ort, und es hätte jeden anderen treffen können. Fühlt sie sich vielleicht selbst nicht wirklich wohl und muss es auf mich umlenken? Egal, was es war, es hatte mit ziemlicher Sicherheit nichts mit mir zu tun. So wichtig kann ich ihr gar nicht sein, wir kennen uns ja kaum. Ruhiges Nachfragen, wenn mich etwas irritiert, und die Fähigkeit, mich in andere hineinversetzen zu können, ersparen mir grundloses Grübeln und viel Energie, die ich lieber in andere Dinge investiere. Meine Laune und mein Selbstwert sind nicht vom Handeln meiner Mitmenschen abhängig. Es gibt eine Trennung zwischen mir und meinem Gegenüber. Ich habe es in der Hand, inwieweit ich mich negativ von anderen beeinflussen lasse.

Beim ausführlichen Studieren einer Zeitschrift (okay, es könnte auch TikTok oder Instagram sein) stoße ich auf ein Experiment, bei dem man herausfinden kann, ob man in der Lage ist, seine Emotionen zu differenzieren und einzuordnen. Dabei soll ich so viele verschiedene Gefühle auf ein Blatt Papier schreiben, wie mir einfallen. Also gut: Freude, Trauer, Wut, Angst, Scham, Aufregung … Ich komme ziemlich schnell an meine Grenzen. Zählt Hunger? Ach so, Liebe gibt es ja auch. Nach ein paar Minuten gebe ich auf und google nach einer Liste. Anscheinend gibt es bis zu siebzig verschiedene Emotionen, die sich jedoch den acht Grundemotionen zuordnen lassen: Ärger oder Wut, Angst, Ekel, Freude, Liebe, Scham, Trauer, Überraschung. Natürlich erkenne ich alle, nachdem ich die Liste überflogen habe. Trotzdem bin ich überrascht, wie wenige mir doch eingefallen sind. Um sich die eigene Gefühlswelt etwas besser zu vergegenwärtigen und mit ihren Konsequenzen auseinanderzusetzen, kann es hilfreich sein, sie zu visualisieren und so konkret wie möglich zu benennen. Bin ich einfach nur traurig, oder bin ich einsam? Habe ich Angst, oder fühle ich mich hilflos? So kann ich mich in Situationen meines Lebens, die mich belasten und mir Schwierigkeiten bereiten, selbst hinterfragen. Ich nehme meine Gefühle an, ohne sie zu bewerten und mich von ihnen leiten zu lassen. Im nächsten Schritt lässt sich dann besser herausfinden, worum es eigentlich geht und wie ich die Situation für mich lösen oder verbessern kann.

GEFÜHLSAMPEL

Ich sehe rot, gelb, grün

Ich schenke meinen Gefühlen heute besondere Aufmerksamkeit und lasse den Tag Revue passieren. Waren sie heute …

positiv

neutral

negativ?

Es kommt auf den Kontext an

Ich schreibe zusätzlich einige Stichworte auf, die das Gefühl beschreiben und die Situation, in der es aufgetreten ist. Sich wiederholende Gefühle schreibe ich auch auf.

Ich sitze mit meinen Gefühlen

… ohne sie zu bewerten. Jedes Gefühl ist wichtig und verdient seinen Raum. Sowohl negative als auch positive Gefühle enthalten wichtige Informationen.

Worum geht es wirklich?

Ich analysiere Situationen, in denen ich mich unwohl fühle, so genau wie möglich. Warum war ich dort? Wer war beteiligt? Was hätte ich anders machen können? Gibt es eine Alternative? Was kann ich beim nächsten Mal tun, damit ich mich wohler fühle?

Und jetzt du ...

Ich gehöre hierher, und ich verdiene es, Raum einzunehmen.

ENDGEGNERIN KOMMUNIKATION

»WIE GEHTS DIR?« – »Gut, und dir?« – »Gut. Und dir?« Guter Small Talk ist eine heikle Sache, weil man zwischen Tausenden von Hinweisen navigieren und schon auf kleinste Andeutungen sofort und angemessen reagieren muss: Körpersprache lesen, nicht zu viel oder zu wenig verraten, lange genug Blickkontakt halten. Richtig interpretieren, was die andere Person zwischen den Zeilen sagt. Okay, jetzt starre ich zu viel! Bloß nicht zu langweilig sein, aber auch nicht mit den Witzen übertreiben. Die Stimmung des Gegenübers richtig deuten, weder zu viel noch zu wenig verraten. Wie fange ich an und vor allem: Wie komme ich da wieder raus?

Der Tipp »sei einfach du selbst« hilft nicht wirklich weiter. Denn so, wie ich bin, funktioniert es nicht sehr gut. Nicht nur in Gesprächen, sondern in fast allen zwischenmenschlichen Interaktionen nehme ich mich, soweit es geht, zurück und vermeide jegliche Konflikte. Die Gespräche verlaufen schnell im Sand, und ich habe Schwierigkeiten, richtig aus mir herauszukommen. Sobald ich niemanden verletze, niemandem zu nahe trete und mich zurücknehme, müssen die anderen mich doch automatisch mögen, oder? Wenn es wirklich funktionieren würde, es allen recht zu machen, wären alle stets gut drauf, nett und zufrieden. Kann es vielleicht sein, dass ich es gar nicht in der Hand habe, egal wie sehr ich mich verstelle?

Schon als Kind fiel es mir schwer, zuzugeben, dass ich etwas nicht wollte oder mich unwohl fühlte. Habe ich mich dann doch getraut, meine Gefühle zu äußern, taten Erwachsene meinen Einwand oft mit »Stell dich nicht so an, so schlimm ist es doch gar nicht« ab. Was unter Umständen gar nicht böse gemeint war, manifestierte sich in einem Nicht-Verstanden-Werden-Gefühl. Doch! Es war in diesem Moment schlimm für mich! Aber da es mir anders gespiegelt wurde, lernte ich nicht, meinen negativen Gefühlen Raum zu geben. In meiner Angst vor Zurückweisung übergehe ich noch heute meine eigenen Bedürfnisse und konzentriere mich darauf, nicht unangenehm aufzufallen. Während ich also mein Bestes gebe, jeden zu berücksichtigen, vernachlässige ich eine nicht unwichtige Person: mich selbst. Und ja, schon wieder stehe ich vor der nächsten Baustelle: Auch in diesem Bereich muss ich mein Verhalten überdenken, herausfinden, was mir eigentlich wichtig ist, neue Grenzen setzen und lernen, wie ich sie richtig kommunizieren kann.

Ich will mich nicht mehr dafür entschuldigen, Raum einzunehmen: Ich sage, was ich zu sagen habe. Ich fühle, was es zu fühlen gibt.

Dabei gibt es einen Weg, wie ich gleichzeitig Raum für mich selbst und für meine Mitmenschen schaffen kann. Lange gehe ich davon aus, dass es ein Alles-oder-Nichts-Prinzip ist, aber ich muss mich gar nicht komplett zurückhalten und anderen den gesamten Platz überlassen. Wenn ich jemandem beispielsweise einen Gefallen tue, beziehe ich meine eigenen Grenzen mit ein. »Ja, ich helfe dir bei deinem Umzug, aber ich habe nur bis 14 Uhr Zeit.« Früher blieb ich trotzdem länger oder erfand lauter Entschuldigungen, um mein schlechtes Gewissen zu besänftigen. Ich schulde niemandem einen triftigen Grund, wenn ich Verabredungen nicht wahrnehmen will. »Ich muss mich ausruhen« oder »Ich habe keine Lust« ist Grund genug. Es ist wichtig, wie sich beide Parteien fühlen, was beide brauchen und was beide denken.

Was ist schon dabei, wenn ich mal übersehen werde? Oder wenn mich niemand bei der Wahl des Restaurants nach meiner Meinung fragt? War es beim letzten Treffen mit den Freundinnen wirklich so schlimm, dass sie die ganze Zeit geredet

»

Ich sage, was ich zu sagen habe. Ich fühle, was es zu fühlen gibt.

«

haben und ich mich kaum zu Wort melden konnte? Wenn solche Situationen bloße Einzelfälle wären, würde ich mich nicht noch Tage später darüber ärgern. Sicher, viele Dinge hängen damit zusammen, dass ich introvertierter bin als andere. Trotzdem ist es keine Ausrede dafür, dass ich mir nicht auch Gehör verschaffen kann.

Wenn ich von anderen berücksichtigt werden will, muss ich mit offenen Karten spielen. Wie sollen meine Mitmenschen meine Gedanken, Bedürfnisse oder Gefühle erkennen, wenn ich sie selbst nicht ernst nehme und vor allem nie klar äußere? Indem ich mich selbst übergehe und mich nie auch mal an erste Stelle setze, brauche ich mich nicht zu wundern, wenn andere es auch nicht tun. Ich mache mir bewusst, dass ich hierher gehöre, und ich es verdiene, Raum einzunehmen.

Zuzugeben, dass ich etwas nicht will oder mich unwohl fühle, verletzt nicht die Gefühle anderer Menschen. Im Gegenteil: Nichts zu sagen, führt dazu, dass ich unserer Beziehung schade und anderen die Chance verwehre, mich richtig kennenzulernen. Freunde, denen ich wirklich etwas bedeute, werden meine Gefühle, Bedürfnisse und Grenzen niemals als »zu viel« oder »zu anstrengend« ansehen. Und falls ich mich plötzlich »zu sehr verändert« habe, weiß ich, dass ich nie an der richtigen Adresse war. Es tut weh, wenn sich Kolleg:innen, Bekannte, Freund:innen oder sogar Familienmitglieder von einem abwenden, wenn sie plötzlich mit neuen Grenzen konfrontiert werden. Wie aufrichtig waren diese Beziehungen, wenn sie nur die Version von mir akzeptieren können, die ich nicht mehr aufrechterhalten will?

Ein wesentlicher Bestandteil von Beziehungen ist nicht nur die Fähigkeit, zu kommunizieren, was mich gerade stört, sondern auch das, was ich gut finde und worüber ich mich aufrichtig freuen kann. Erst dann können meine Mitmenschen mich richtig einschätzen und sich sicher in meiner Gegenwart fühlen. Sie können darauf vertrauen, dass ich es auch so meine, wenn ich sage, dass es mir gut oder nicht so gut geht. Niemand sollte auf Zehenspitzen um

mich herumschleichen, aus Angst, mir zu nahe zu treten und meine Gefühle zu verletzen. Wir alle befanden uns sicherlich schon mal in einer unangenehmen Situation mit einem Gegenüber, in der aufrichtige Kommunikation vieles hätte verhindern können.

Ich bin 18 Jahre alt und habe gerade mein Abitur bestanden. Mit zwei Freundinnen fahre ich nach Holland zum Zelten. Die Stimmung ist ausgelassen, wir haben eine lustige Autofahrt zum Zeltplatz, alles läuft nach Plan: Wir verbringen Stunden damit, unser Zelt aufzubauen, um als Belohnung bei hereinbrechender Dunkelheit vor dem Gaskocher zu hocken, der nach fünfzig Minuten nicht einmal das Wasser zum Dampfen gebracht hat. So weit so gut. Ich kaue also genüsslich, aber auch etwas angestrengt auf den halb garen Nudeln herum (extra al dente, wie ich es mag), als ich merke, wie die Stimmung kippt. Eine Freundin starrt schlecht gelaunt auf ihren Teller und beteiligt sich nicht mehr am Gespräch. Nach mehreren Nachfragen, ob etwas nicht stimme, antwortet sie: »Nee, alles gut.« Auch in den nächsten Tagen ist die Stimmung zwischen uns mehr als al dente. Wir versuchten, getrennt voneinander mit ihr zu sprechen, ihr Raum zu geben, auf sie zuzugehen. Nichts hilft. Das Gefühl von etwas Unaussprechlichem in einer Gruppe, was ich nicht auf Anhieb aus der Welt schaffen kann, halte ich schwer aus.

Ich muss akzeptieren, dass sich einige Menschen nicht helfen lassen wollen oder können. Wenn ich alles versucht habe, um jemandem zu helfen, aber meine Bemühungen nicht auf Gegenseitigkeit beruhen, muss ich meine Kraft schützen. Ich kann nicht das Leben der anderen leben. Ich möchte darauf vertrauen, dass Menschen, mit denen ich meine Freizeit verbringe, in der Lage sind, klar zu kommunizieren, was sie von mir brauchen. Ich will mich in ihrer Nähe sicher und wohlfühlen. Und nicht wie auf rohen Eiern um sie herumschleichen. Ich kann nicht die Verantwortung übernehmen, fremde Bedürfnisse zu antizipieren.

Wofür ich aber Verantwortung übernehme: auf meine Bedürfnisse zu hören, mich selbst und meine Zeit zu respektieren, mein wahres und authentisches Selbst zu sein, meine Kraft zu schützen, zu gehen, wenn ich nicht wertgeschätzt werde, Nein zu sagen und achtsam mit meinem Ja zu sein.

AUSDRUCKSSTARK

Gute Kommunikation bedeutet nicht nur Informationsaustausch, sondern: Beziehungen aufbauen und pflegen, Konflikte ansprechen, Probleme lösen, Ideen austauschen, verstehen und sich verstanden fühlen.

Meine Grenzen und Bedürfnisse sind von Bedeutung.
Ich äußere sie ruhig und klar.
Ich respektiere die Grenzen von anderen.

Mir ist es wichtig, dass ich mich wohlfühle.
Mir ist es wichtig, dass meine Mitmenschen sich wohlfühlen.

Ich höre zu. Ich darf ausreden.

Ich achte und respektiere mich selbst.
Ich achte und respektiere meine Mitmenschen.

Ich frage nach, wenn ich etwas nicht verstanden oder das Gefühl habe, dass etwas nicht stimmt.

Red Flags (problematisches Verhalten)

Schlecht über andere reden.

Andere verurteilen.

Nur das Negative sehen.

Unterbrechen.

Sich andauernd beschweren.

Ausreden erfinden.

Übertreiben.

Meinungen mit Fakten verwechseln.

So wie ich mich selbst bestärke und ermutige,
so bestärke und ermutige ich andere.

WER WÄRE ICH OHNE MEINE FREUNDE?

MENSCHEN, DIE VERSTEHEN und nicht nur zuhören; die mich zum Lachen bringen, obwohl mir eigentlich nach Weinen zumute ist; die mir Dinge zeigen und erklären, ohne dass ich mich inadäquat oder dumm fühle; die Geduld mit mir haben; die aus Stunden Minuten machen; die Ruhe und Klarheit in eine Situation bringen können; die sich einfach so melden, ohne etwas zu wollen. Freund:innen eben.

So viele Facetten, wie ich habe, so unterschiedlich sind auch meine Freundschaften. Lange Zeit habe ich gedacht, dass die ideale Freundschaft am besten alle meine Interessen und Bedürfnisse erfüllen soll. Deshalb bin ich sehr desillusioniert, dass ein sehr guter Freund von mir, mit dem ich auf der angenehmsten Wellenlänge bin, der meinen Humor teilt und der zu jedem Quatsch bereit ist, anscheinend überhaupt nicht der richtige Ansprechpartner ist, um über ernste Dinge zu sprechen. Es funktioniert zwar irgendwie, holt mich jedoch nicht auf dieselbe Art und Weise ab, wie die tiefsinnigen Gespräche mit einer anderen Freundin. Diese Freundin hat im Gegenzug jedoch nur ein müdes Lächeln für meine doch sehr speziellen Witze übrig, was mich auch wiederum frustriert. Anstatt mich auf die Gemeinsamkeiten zu fokussieren, arbeite ich mich an unseren Unterschieden ab.

» Ich würde alles für meine Freund:innen tun … außer rechtzeitig auf ihre Textnachrichten zu antworten. «

In der Realität passt oft nur der Arm auf den Eimer. Na, und wenn schon? Um den Spieß mal umzudrehen: Kann beziehungsweise will ich überhaupt alle Interessen meiner Freund:innen teilen? Ich sehe mich schon auf der Impro-Theaterbühne erst rot anlaufen und dann in Ohnmacht fallen. Oder joggend: erst in Ohnmacht fallen und dann rot anlaufen. Freundschaft ist, die Grenzen des anderen zu kennen und zu respektieren. Das ist vor allem dann besonders schwierig, wenn man seine eigenen Grenzen nicht kennt.

Und noch so ein Thema: Wenn ich auf meine Nachrichten länger keine Antwort von meinen Freund:innen erhalte, bin ich schnell besorgt oder genervt und beziehe es auf mich selbst. Habe ich letztens etwas Falsches gesagt? Ist sie sauer auf mich? Statt weiter darüber nachzugrübeln, nehme ich mir inzwischen selbst die Freiheit, nicht sofort, sondern in Ruhe zurückzuschreiben. Und ich weiß: Meine Freundin antwortet nicht sofort auf Textnachrichten, weil sie konzentriert arbeiten will oder gerade eine Verabredung hat. Ich weiß, dass eine verspätete Antwort mit sehr hoher Wahrscheinlichkeit nichts mit mir zu tun hat und sie sich früher oder später schon zurückmelden wird. Mein

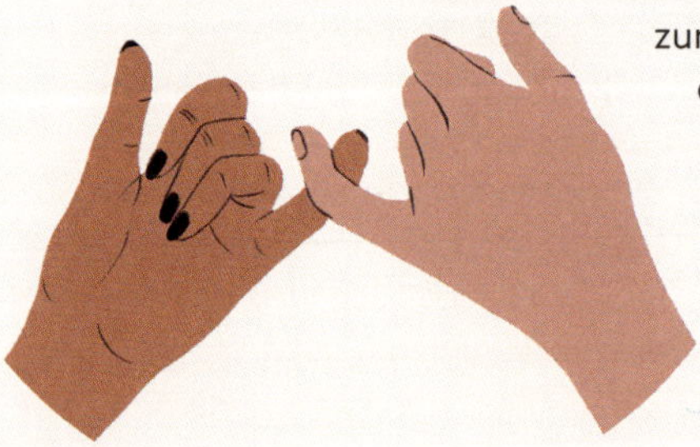

Freund ist sicher beschäftigt oder unterwegs. Alles ist gut. Ich muss nicht alles auf mich beziehen, ich bin nicht der Nabel ihrer Welt.

Wie oft beschränken sich Komplimente, die meine Freund:innen und ich uns gegenseitig machen, auf unser Aussehen? »Deine Haare liegen heute gut!«, »Hast du abgenommen?«, »Du siehst frisch und erholt aus!« Natürlich würden wir nie etwas Negatives über ihr Aussehen sagen, jedoch würdigen auch nett gemeinte Komplimente immer nur den Körper des Gegenübers. Da ist es kein Wunder, dass ich meinen Selbstwert so stark über mein Aussehen definiere. Meine Freundin ist schlau und lustig – auch wenn ihre Haare nicht gemacht sind, aber sie erhält die meiste Anerkennung, wenn sie mal Make-up aufgetragen hat.

Ich versuche, in Konfliktsituationen so ruhig wie möglich zu bleiben, und ziehe mich lieber erst einmal zurück, damit ich nicht Dinge sage, die ich später bereuen könnte. Früher wollte ich lieber sofort alles klären und ließ nicht locker, auch wenn ein Freund nicht darüber reden wollte und Zeit brauchte. Ich konnte mit der angespannten Situation nicht gut umgehen. Heute kann ich meine negativen Gefühle über einen längeren Zeitraum aushalten und meinen Freund:innen den nötigen Abstand einräumen. Ich habe Vertrauen, dass sie ein Interesse daran haben, unsere Freundschaft aufrecht zu erhalten, und uns eine Meinungsverschiedenheit nicht gleich trennen wird.

In schweren Zeiten bin ich in der Lage, Hilfe anzunehmen, weil ich nicht alles alleine schaffen muss. Es ist immer noch schwer, um Hilfe zu bitten, aber heute kenne ich meine Grenzen. Und auch ich bin für meine Freund:innen in

»

All die Liebe, die ich gebe, kommt auf so zauberhafte und unerwartete Weise zu mir zurück.

«

schweren Situationen da und kann zuhören, ohne gleich Probleme lösen zu wollen.

Neue Grenzen aufzuzeigen, vor allem bei Leuten, die mich eigentlich nicht so kennen, ist aber eine Sache der Unmöglichkeit. Eigentlich will ich etwas anderes und bin zumindest mental schon viel weiter, werde jedoch von dem Bild, das sie von mir haben, förmlich zurück in meine alten Verhaltensweisen katapultiert: »Aber du hattest bis jetzt doch auch immer Zeit für mich!«, »Warum antwortest du auf einmal nicht mehr sofort?«, »Warum willst du nicht mehr so oft ausgehen?«: Neue Ziele zu verfolgen und alte Gewohnheiten zu durchbrechen, ist ein Kraftakt für sich. Aber versuch mal, deine Freundin davon zu überzeugen, dass du ab jetzt jeden Abend früher ins Bett gehen willst, obwohl ihr vor ein paar Wochen bis spät in die Nacht telefoniert habt oder unter der Woche noch um 22 Uhr Cocktails trinken wart. Besonders bei Freund:innen oder bei Familienmitgliedern, die mich schon ewig kennen, verfalle ich schnell in alte Rollen.

Ein guter Freund ist wieder zurück in meine Gegend gezogen. Wir sitzen an einem Samstagabend in einer größeren Gruppe bei ihm im Wohnzimmer, die Stimmung ist ausgelassen, und alle haben viel zu bereden. Vom Wohnzimmer gehen zwei völlig identische Türen ab, und ich schaffe es jedes Mal konsequent, die falsche zu öffnen, und lande statt im Bad im Schlafzimmer. Spätestens nach dem zweiten Mal bringt mir das ein schallendes Gelächter und irgendwann ein

»Ich liebe es, wie verpeilt du immer bist!« von dem Freund ein. Eigentlich kann ich gut über mich selbst lachen, ABER ... als »verpeilt« wurde ich schon lange nicht mehr beschrieben. Warum wirft mich das so aus der Bahn? Mein Selbstbild ist eigentlich alles andere als verpeilt. Vielleicht weil ich schon seit Jahren genau das Gegenteil davon anstrebe und bisher auch ziemlich weit damit gekommen bin. Er meinte es natürlich nicht böse und kannte mich eben nur so, weil ich nach dem Abi nicht gerade souverän war. Deshalb brennen solche Kommentare mehr, als ich zugeben will. Sie erinnern mich an eine Zeit, in der ich noch sehr weit von meinem jetzigen Ich entfernt war.

Auch ich habe ein festes Bild von meinen Freunden und bin schnell irritiert, wenn sie davon abweichen. Deshalb ist es wichtig, offen zu sein und genau hinzuhören. Freundschaft heißt nicht nur, die andere Person so zu akzeptieren, wie sie ist, sondern vor allem so, wie sie nicht mehr sein will.

So wie ich mich selbst bestärke und ermutige, so bestärke und ermutige ich andere. Und so wie ich mich selbst verändere, verändern sich auch meine Freundschaften. Umzüge, Karriere, neue Partner:innen oder Kinder können dafür sorgen, dass wir uns voneinander entfernen oder aber eine noch tiefere Verbundenheit schaffen. Es ist schön zu wissen, dass es am Ende des Tages Menschen gibt, an die ich glaube und die mir stets den Rücken freihalten, die mich kennen und mir dabei helfen, mich selbst zu erkennen. Wer wäre ich ohne meine Freund:innen?

Nimm dir ein paar Minuten Zeit und aktualisiere alle Geburtstage in deinem Kalender.

EIN SICHERER RAUM IN SOZIALEN SITUATIONEN

Vor allem in sozialen Interaktionen kann man schnell in alte Verhaltensmuster zurückfallen. Hier sind einige Affirmationen, wie ich mich in schwierigen Situationen selbst bestärke.

Ich mache mich nicht kleiner, als ich bin, um besser in eine Gruppe zu passen.

Ich werde nicht meine Glaubenssätze opfern, nur um einen Konflikt zu vermeiden.

Meine Anliegen sind wichtig genug, um gehört zu werden. Ich darf meine Freund:innen jederzeit um Hilfe bitten.

Ich werde meine persönlichen Grenzen nicht mehr ignorieren, nur um anderen zu gefallen.

Meine mentale und körperliche Gesundheit hat Priorität.

Mein persönliches Glück ist nicht von anderen Menschen abhängig.

Menschen, die mir das Gefühl geben, klein und unzulänglich zu sein, haben keinen Platz mehr in meinem Leben.

Ich kommuniziere meinen Standpunkt offen und, wenn nötig, mit Nachdruck.

Ich spiele meine Erfolge nicht herunter, nur weil andere etwas besser als ich gemacht haben.

Ich kann auf meine eigene Selbstsicherheit zählen, deshalb brauche ich nicht nach ständiger Bestätigung von außen zu suchen.

Ich erlaube niemandem, mich zu manipulieren oder mir Schuldgefühle einzureden.

Ich mache mich selbst nicht für Dinge verantwortlich, die außerhalb meiner Kontrolle liegen.

Ich werde bedingungslos geliebt, so wie ich bin.

LIEBE IM GETRIEBE

ES GIBT SO VIELE ARTEN von Liebe, und doch erscheint in unserer Gesellschaft gerade die romantische Liebe am wertvollsten. Von allen Bildschirmen, Plakaten und Zeitschriften strahlt einem das Ideal einer Liebesbeziehung entgegen: Carrie und Big, Edward und Bella, Han Solo und Prinzessin Leia, Jack und Rose: Dein echtes Glück findest du nur mit dem *richtigen* Partner. Unter allen Menschen auf der Erde im heiratsfähigen Alter gibt es anscheinend nur *den einen* einzigen Passenden für mich. Und da die Suche nach ihm zugegebenermaßen keine leichte Aufgabe war, haben sich Omas, Tanten, Onkel und Cousinen regelmäßig nach meinen Fortschritten erkundigt. Auch die beste Freundin einer Tante meiner Mutter, die mich schon kennt, seit ich ein kleines Mädchen bin, hat ebenfalls ein Anrecht auf diese Information. Zielgruppengerecht überlege ich, ob ich bei Facebook nicht einfach meinen Beziehungsstatus öffentlich angebe, damit Oma und die Friseurin meiner Tante immer up to date sind. Auch auf Instagram oder TikTok ist man über die Liebeserfolge von Fremden bestens informiert. Stolz werden die Meilensteine unter dem Usernamen als Emoji-Trophäen präsentiert: Mann und Frau mit rosa Herz, eine Katze, ein Haus, eine Palme (man reist auch ganz gerne). Pixelbasierte Beweise, dass es sehr wohl möglich ist, die große Liebe zu finden. Am besten in dieser Reihenfolge. Willst du wirklich ein Haus ohne Partner? Alleine verreisen? »Du wirst für immer mit deinen Katzen alleine bleiben!« O nein, ein selbstbestimmtes Leben mit liebenswerten Geschöpfen an meiner Seite – wie soll ich das bloß aushalten?

Da stand ich nun mit Mitte zwanzig: kein Partner, kein Haus und nicht mal eine Katze.

Groß soll sie sein, mit dunklen Haaren und blauen Augen. Humorvoll, sportlich, und gut kochen soll sie auch können. Zuverlässig, intelligent, vertrauenswürdig und sich mit Freund:innen und Familie verstehen. Die Liste der Anforderungen und Erwartungen an die große Liebe schreibt sich fast wie von selbst. Irgendwann kommen ziemlich konkrete Wünsche hinzu wie: nicht so laut niesen und die Zahnpastatube richtig ausdrücken! Extrapunkte, wenn die Kaugeräusche nicht nerven, aber man muss ja realistisch bleiben.

Am Ende scheitere ich an dieser Liste genauso kläglich wie an den unzähligen To-do-Listen.

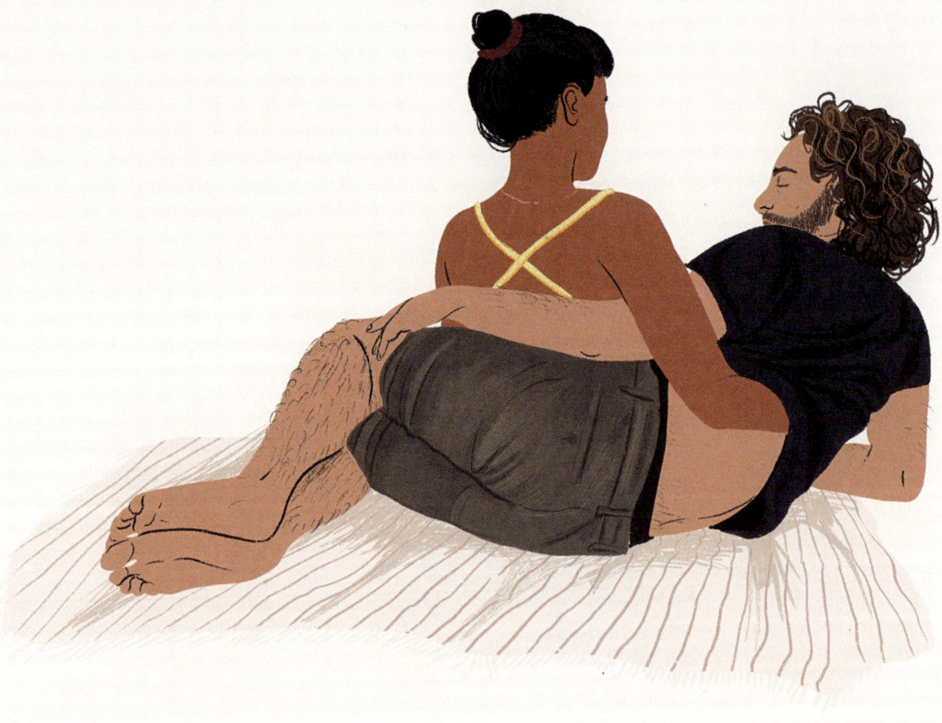

Nie frage ich mich auch nur eine Sekunde lang, welche guten Eigenschaften ich eigentlich selbst mit in eine Partnerschaft bringe. Bin ich humorvoll oder sportlich? Bin ich zuverlässig, intelligent und vertrauenswürdig? Kann ich meine Gefühle richtig einsortieren? Und seit wann freunde ich mich eigentlich auf Anhieb mit Fremden an? Immerhin nehme ich das meiste mit Humor! Bei allen anderen Punkten ist noch viel Luft nach oben. Besonders Ehrlichkeit, die bei potenziellen Partnern immer so hochgehalten wird, habe ich für mich selbst anscheinend nicht übrig.

Heute weiß ich, dass ein Partner meine eigenen Unzulänglichkeiten nicht ausbessern kann und soll. Ich brauche keine »bessere Hälfte«, weil ich nicht vervollständigt werden muss. Wenn überhaupt, will ich als ein Ganzes auf ein anderes Ganzes treffen.

Wenn ich schon selbst schlecht über mich denke und spreche, ist die Gefahr groß, dass ich auf ein Gegenüber treffe, dem es sehr leichtfällt, ebenfalls schlecht über mich zu sprechen. In allen zwischenmenschlichen Beziehungen, doch ganz besonders in der Liebesbeziehung, kann man es nicht oft genug wiederholen: Wenn ich die Gefühle und Wünsche von anderen über meine stelle und mich selbst übergehe, ist es kein Wunder, wenn ich ebenso übergangen werde. Wie kann mich jemand lieben, wenn ich es nicht einmal selbst tue? Wie viel extra Energie muss ich meinen Mitmenschen abverlangen, damit sie den Mangel, den ich habe, ausgleichen können? Liebe, Komplimente und Fürsorge von außen reichen irgendwann nicht mehr. Ich muss endlich anfangen, an der Beziehung zu mir selbst zu arbeiten.

Nach einer beendeten Beziehung die Einsamkeit wieder schätzen zu lernen, ist gerade am Anfang ein schweres Unterfangen. Das Gefühlschaos auszuhalten, ohne sich wieder in die nächste Beziehung zu stürzen, ist geradezu angsteinflößend. Wer bin ich eigentlich als Einzelne? Mag ich noch dieselbe Musik, dasselbe Essen, dieselben Orte?

Auch als ich noch weit von meinen Zielen entfernt bin, immer wieder Rückschläge erleide und Fehler mache, kann ich mich auf die Unterstützung meiner Freund:innen verlassen. Tiefe emotionale Verbundenheit existiert auch außerhalb von romantischen Beziehungen. Meine engen Freundschaften geben mir Mut, Hoffnung, Kraft und Selbstvertrauen. Wir teilen Freude, Vertrautheit und Zukunftspläne miteinander. Und trotzdem erkläre ich meiner neuen Nachbarin, dass die Person, die mir

» Jedes Ende birgt eine wertvolle Lektion. «

durch die schwerste Zeit half, mir Trost spendet, mit mir die Meilensteine in meinem Leben feiert, die mir auch noch beim dritten Umzug ins Dachgeschoss geholfen hat und von der ich Wichtiges über mich selbst gelernt habe, nur meine Freundin sei. Für die platonische Liebe gibt es keine angemessene Bezeichnung. Meine *sehr gute* oder meine *beste* Freundin beschreibt selten die tiefe Verbundenheit zu der lieben Person.

Nach einiger Zeit entdecke ich wieder die positiven Seiten des Singledaseins: Ich bin niemandem mehr Rechenschaft schuldig, muss keine Kompromisse mehr eingehen und kann so seltsam und schrullig sein, wie ich will – frei von Urteilen und Erwartungen. Meine Wohnung ist wieder ganz nach meinen Vorstellungen eingerichtet, und keiner nörgelt über den falsch getrennten Biomüll. Auch nicht zu unterschätzen: Ich kann endlich wieder diagonal im Bett schlafen und mir meine Zeit frei einteilen.

Trotzdem erkenne ich, dass ein erfülltes soziales Leben mit engen Freundschaften für sich steht und das Bedürfnis nach einer romantischen Partnerschaft, nach Intimität und Nähe, nach einer gemeinsamen Zukunft zu zweit nicht erfüllen kann. Der Wunsch nach einer Beziehung hat genauso seine Daseinsberechtigung, wie der Wunsch, das Single-Dasein auszuleben. Der gesellschaftliche Druck, einen Partner zu finden, reicht natürlich nicht: Man muss sich am besten auch selbst unter Druck setzen, so unabhängig wie möglich zu bleiben.

Was wäre, wenn ich auf eine andere Person ganz ohne Ansprüche zugehe und versuche, soziale Akzeptanz, Status, Außen-

wirkung und meine Angst vor Einsamkeit erst einmal außen vor zu lassen? Vielleicht gelingt es mir, die Dinge langsam auf mich zukommen zu lassen. Die Menschen verraten einem mehr, als man glaubt, man muss nur genau hinsehen und hinhören. Und auch wenn ich noch im Prozess bin, Zeit brauche und noch längst nicht dort bin, wo ich eigentlich sein will, will ich auf die Liebe vertrauen. Ich weiß, ich werde bedingungslos geliebt, so wie ich bin.

Einem Menschen, mit dem man potenziell das restliche Leben verbringen möchte, komplett ohne Erwartungshaltung gegenüberzutreten, ist nicht einfach. Jedoch wird die ellenlange Liste mit Ansprüchen an ihn oder an sie immer unwichtiger, je sicherer ich mit mir selbst bin. Ich habe Vertrauen zu mir selbst, deshalb kann ich meinem Partner vertrauen. Ich habe gelernt, mit stressigen Situationen umzugehen und Schwierigkeiten zu überwinden. Ich kann mich auf mich selbst verlassen und kenne meinen Wert. Ich ziehe Menschen an, die das Potenzial haben, mein Leben zu bereichern, egal ob sich daraus eine Freundschaft oder eine Liebesbeziehung entwickelt. Ich habe Respekt vor mir selbst und passe auf mich auf. So kann ich überhaupt Liebe von einem Partner annehmen und sie gleichermaßen zurückgeben.

EIN SICHERER RAUM IN DER PARTNERSCHAFT

Dein erster Schritt, Grenzen zu setzen, besteht darin, dir selbst bewusst zu machen, wann du dich überfordert oder mental erschöpft fühlst. Hier sind ein paar Beispiele, wie du deinen sicheren Raum in einer Partnerschaft bewahrst.

»Ich brauche zwischendurch auch mal Zeit für mich. Das heißt aber nicht, dass ich nicht gerne Zeit mit dir verbringe.«

»Ich kann gerade nicht klar denken. Gib mit etwas Zeit, um mich zu beruhigen, danach können wir weitersprechen.«

»Ich möchte nicht, dass du diese private Angelegenheit mit deiner Familie / deinen Freund:innen besprichst. Bitte respektiere das.«

»Hör bitte auf zu erwähnen, dass du Schluss machen willst, wenn wir uns streiten, und du es nicht wirklich ernst meinst. Ich fühle mich dadurch nicht sicher in unserer Beziehung.«

»Lass uns beide versuchen, ruhig zu bleiben, ich möchte nicht angeschrien werden.«

»Es bringt nichts, alte Probleme wieder zur Sprache zu bringen, die wir bereits geklärt haben. Das macht unsere derzeitige Meinungsverschiedenheit umso größer.«

»Ich verstehe deine Frustration, aber ich möchte nicht, dass du schlecht über meine Freund:innen/Familie sprichst.«

»Lass uns noch einmal über eine bessere Verteilung der Haushaltspflichten sprechen.«

»Ich kann deine Entschuldigung erst annehmen, wenn ich sehe, dass du dein Verhalten künftig änderst.«

»Wir können gerne während des Tages schreiben, aber ich möchte nicht mehrmals die Stunde Textnachrichten verschicken/erhalten.«

»Ich möchte wichtige Dinge persönlich und nicht über Textnachrichten besprechen.«

»Ich schätze deine Meinung, aber ich werde diese Entscheidung selbst treffen.«

Ich bin frei, mein Leben so zu gestalten, wie ich es mir wünsche.

DIE LIEBE VERWANDTSCHAFT

»DAS HABEN WIR schon immer so gemacht!« Und doch habe ich mich dafür entschieden, es anders zu machen. Ich bin hier, um mich weiterzuentwickeln. Und das bedeutet, dass ich mich auch generationenübergreifend weiterentwickeln will. In vielerlei Hinsicht weiß ich heute mehr als die, die vor mir da waren. Ich kann ihnen für ihre Weisheit dankbar sein und trotzdem die Verantwortung übernehmen, Gewohnheiten zu verändern, die mir nicht guttun. Nur weil viele Dinge seit Generationen auf eine bestimmte Art und Weise gemacht wurden, heißt das nicht, dass es der einzige Weg ist. Ich darf eine neue Art des Tuns und Seins wählen. Ich lasse los, was mir nicht länger nützlich erscheint, und betrete neue Pfade. Ich werde mehr und mehr zu der Person, die ich sein will, und tue mehr von dem, was ich tun will. Auf eine Veränderung folgt die nächste, ich darf langsam verlernen und loslassen, was nicht funktioniert.

Ähnlich wie bei alten Freund:innen erscheint es mir besonders bei der eigenen Familie fast unmöglich, Grenzen zu ziehen. Sie begleiten mich seit meiner Geburt, haben jahrelang Entscheidungen für mich getroffen, wussten, was ich mochte oder wovor ich Angst hatte. Sie kannten meine Interessen und Hobbys, meinen Freundeskreis und mein Umfeld. Sie wussten damals, was gut für mich war, und haben auch heute noch gute Absichten.

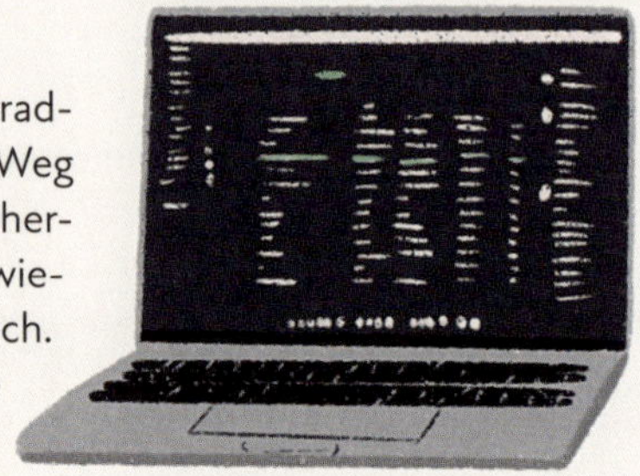

»Ich weiß noch, wie ich dich auf dem Fahrradausflug in der vierten Klasse fast den ganzen Weg lang schieben musste, weil du nicht hinterherkamst!«, gibt mein Vater auf der Familienfeier wieder zum Besten. Alle amüsieren sich köstlich. »Fahrradfahren ist ja immer noch nicht so dein Ding«, fügt meine Mutter wissend hinzu. Ich bin 31 Jahre alt, fühle mich aber wieder wie mit dreizehn, als ich bockig die Augen verdrehe und mir den Kartoffelsalat schnell in den Mund schiebe, bevor ich einen bissigen Kommentar zu ihnen rüberwerfen kann. Zu Hause angekommen, wurmt mich die Geschichte immer noch mehr, als ich zugeben will. Meine Eltern haben anscheinend weder mein Software- noch mein Hardware-Update mitbekommen. Ähnlich wie bei meinem Laptop wird das Software-Update allem Anschein nach nicht automatisch über Nacht installiert, auch wenn ich jedes Mal die Okay-Taste drücke.

Genervt lege ich mein Buch zur Seite, nachdem ich denselben Satz zum dritten Mal lesen muss, weil ich mich nicht konzentrieren kann. »Nur mal zur Info: Ich bin nicht mehr unsportlich und habe sogar Freude an der Bewegung gefunden.« Der Gummibaum fühlt sich nicht angesprochen, weil er das schon längst weiß, deshalb ärgere ich mich, dass ich es nicht sofort auf der Familienfeier angesprochen habe. Aber in dem Moment wollte ich die Stimmung nicht verderben. War ja nicht böse gemeint. War doch nur ein harmloser Witz, oder?

Die Situationen sind ein perfektes Beispiel dafür, dass es mich doch mehr beschäftigt hat, als ich zugeben will, weil das eben kein Einzelfall war. Und überhaupt geht es eigentlich um etwas anderes: Ich fühle mich immer noch nicht von meiner Familie als Erwachsene ernst genommen. Tja, wie will ich auch ernst genommen werden, wenn ich sofort reagiere, ohne nachzudenken? Ehe ich mich's versehe, verfalle ich unbemerkt in meine alte Rolle, weil ich die stressige Situation kaum aushalten kann. Ich sehe schon am kritischen Blick meiner Mutter, dass die Tomate nicht längs, sondern quer geschnitten werden sollte, und unterdrücke einen Hilfeschrei, während mein Vater zum nächsten schlechten Witz ansetzt. Okay, ganz ruhig ... anstatt zu brüllen und mit Tomatenscheiben um mich zu werfen, halte ich kurz inne und überlege mir, wer jetzt agieren soll: das wütende Kind oder die gelassene, souveräne Erwachsene? Vielleicht wird es mir nicht immer gelingen, ruhig zu bleiben, aber zumindest kann

ich mich immer wieder daran erinnern, dass ich es ja eigentlich anders machen will. Wie ich reagiere, entscheide immer noch ich.

Es ist zugegebenermaßen einfacher, einem möglichen Konflikt aus dem Weg zu gehen, aber dann brauche ich mich im Nachhinein nicht über meine schlechte Laune zu wundern. Wenn ich nichts tue, verwehre ich mir selbst die Chance, die Beziehung zu meinen Eltern in eine bessere Richtung zu lenken. Der eigenen Familie Grenzen zu setzen, bedeutet nicht, dass sie sich von heute auf morgen ändern muss, denn das habe ich nicht in der Hand. Ich kann lediglich versuchen, meinen Umgang mit schwierigen Situationen zu verändern und neu zu gestalten. Dabei hilft es, ruhig und konsequent immer wiederkehrende Themen für sich zu benennen und sie nach und nach bei anderen anzusprechen.

Nicht nur bei Eltern, auch zwischen Geschwistern ist das Kommentieren von Aussehen und Körper keine Seltenheit. Aber besonders Mütter »meinen es nur gut«, wenn sie wohlwollende Tipps zu Gewicht (zu viel), Haut (zu fahl), Haaren (zu trocken), Augenringen (du schläfst zu wenig!), Essverhalten (du bist so dünn), Kleidung (trag doch mal mehr Farbe) abgeben. Diese Kommentare gehen wortwörtlich unter die Haut, deshalb wechsle ich entweder das Thema oder konfrontiere sie direkt mit einem: »Ich möchte nicht über mein Aussehen sprechen.« Das Gleiche gilt auch für mich. Ich achte vermehrt darauf, Körper und Aussehen von anderen nicht mehr zu kommentieren, auch wenn ich nur etwas Positives sagen möchte. Nicht umsonst mache ich aus einer netten Bemerkung wie »Deine Beine sehen gut in der Hose aus« gedanklich ein »O nein, sehen sie sonst irgendwie schlecht aus?«. Dabei gibt es so viel bessere Komplimente, die nichts mit dem Aussehen zu tun haben, wie: »Ich liebe dein Lachen« oder »Unsere Gespräche bedeuten mir viel«, oder eins meiner Lieblingskomplimente: »Du schaffst es immer, mich zum Lachen zu bringen.«

Ein weiteres Phänomen fast aller Eltern sind gut gemeinte Ratschläge. Seit ich meine Freunde mit ihren kleinen Kindern sehe, habe ich sogar eine neue Einsicht gewonnen: Offenbar scheint es einem als Elternteil nach dem tausendsten *Waruuuum?* einfach ins Blut überzugehen, und man wird es auch dreißig Jahre später nicht los. Trotzdem ist der Erklärbär-Modus der Eltern gerade als Erwachsene schwer auszuhalten. Wenn ich Rat suche, frage ich konkret danach, aber in der Regel begrüßt mich schon der erste gut gemeinte Rat, wenn ich gerade zur Tür hereinkomme. Und die nächsten zwanzig

sitzen schon auf der Couch und quatschen ungefragt drauflos: Sie wissen, wie ich die Gurke am schnellsten schäle, geben Finanztipps, machen neue Vorschläge für Illustrationen. Und wie habe ich bloß so lange ohne den magischen Sparschäler meiner Mutter überlebt? Tief durchatmen! »Danke, dass du mir helfen willst, aber was Illustrationen betrifft, kenne ich mich selbst gut aus.« Und: »Den Trick mit dem Sparschäler merke ich mir!« Meine Mutter strahlt mich an. Auch Eltern von dreißigjährigen Kindern wollen gebraucht werden.

»

Ich darf laut sein, obwohl ich früher leise war.

«

»Lasst uns darüber reden, wie wir es schaffen, dass sich alle gesehen und respektiert fühlen.« Das kann beispielsweise bei den witzigen Anekdoten aus der Kindheit anfangen, die ich nicht mehr hören möchte, oder wie oft ich mich melde und wann ich erreichbar bin. Ich darf Dinge anders machen. Ich darf heute anders sein als gestern. Ich darf Sport und Bewegung gut finden, obwohl ich früher nicht mal daran denken wollte. Ich darf laut sein, obwohl ich früher leise war. Ich darf anderer Meinung sein als noch vor ein paar Tagen oder vor ein paar Jahren. Ich darf alte Grenzen überdenken und neue Grenzen setzen. Ich darf mir so viel Zeit nehmen, wie ich brauche. Ich möchte, dass private Dinge auch privat bleiben. Ich bin frei, mein Leben so zu gestalten, wie ich es mir wünsche. Ich bin frei, mein Leben so zu gestalten, wie ich es mir wünsche. Meine Ansichten müssen respektiert, aber nicht geteilt werden.

Ich gebe meiner Familie Zeit, mich neu kennenzulernen.

ICH KRIEGE DIE KRISE

Warum bin ich so irritiert? Manchmal kommt man von einer Familienfeier nach Hause und ist so richtig genervt. Hier kannst du deinen Gefühlen auf den Grund gehen.

Dieses Verhalten / diese Kommentare haben mich gestört:

So habe ich reagiert:

So könnte ich beim nächsten Mal reagieren:

So kann ich meine persönlichen Grenzen wahren:

Einige gute Möglichkeiten, um mich abzulenken:

Freund:innen, an die ich mich wenden kann:

Ich darf heute anders sein, als ich gestern war.

Ich verdiene Selbstrespekt und einen sauberen Raum, in dem ich mich entfalten kann.

DAS BISSCHEN HAUSHALT

AH. DIE FREUDEN DER HAUSARBEIT. Es geht doch nichts über ein entspannendes Toilettenschrubben, ein meditatives Wäschezusammenlegen oder ein ASMR-Erlebnis beim Einsaugen größerer Schmutzpartikel. Sosehr ich auch versuche, es mir schönzureden: Ich würde lieber etwas anderes machen! In Sachen Haushalt liegt die wahre Herausforderung nicht im Putzen der Küche selbst, sondern im wiederholten Putzen der Küche. Jede Woche aufs Neue – Ende offen.

Manchmal (oft) habe ich das Gefühl, dass ich mit Putzen, Aufräumen und Organisieren mehr Zeit verbringe als damit, die Ordnung zu genießen. Die To-do-Liste setzt sich wie von selbst wieder auf Reset, und die Krümel materialisieren sich wieder auf der Arbeitsplatte, ehe ich den Lappen ausgespült habe. Ein früherer Mitbewohner betrachtet die Haushaltsfrage philosophisch: »Warum soll ich den Boden wischen, er wird doch eh wieder dreckig?«

Wenn es nicht um Philosophie geht, sondern um Ordnung im Haushalt, hilft es herauszufinden, was man unter »gut genug« versteht – besonders im Zusammenleben mit anderen. Das variiert natürlich von Person zu Person. Vor allem in der Gemeinschaft steht der gegenseitige Komfortlevel in Sachen Sauberkeit an erster Stelle. Was ich als ordentlich empfinde, ist für andere vielleicht zu übertrieben, und was für andere gar nicht akzeptabel ist, kann für mich

»

Die Krümel in meinem Bett sind ein kostenloses Peeling.

«

als »geht noch« gelten. Das Ziel ist, dass alle Haushaltsmitglieder ihre Hausarbeit in angemessenem Umfang und akzeptabler Zeit erledigen können und sich dabei in den eigenen vier Wänden wohlfühlen.

Beispielsweise liebe ich es, wenn alle Schubladen und Schränke bis ins kleinste Detail organisiert sind. Die allgemeine Unordnung kann von mir aus ins Unermessliche steigen, aber wehe, wenn nicht jeder Dosenöffner und Sparschäler an seinem Ort liegt. Man müsste zwar erst einmal an die Schubladen herankommen, aber wenn man es schafft, sieht man, dass jeder Zahnstocher sein eigenes Fach hat. Mein Partner ist da anderer Meinung und behält lieber das große Ganze im Auge. Der Laie könnte jetzt meinen, ich bin das Yin zu seinem Yang: Ich kümmere mich um die kleinteiligen Dinge, und er erledigt den groben Rest. Ein echtes Traumpaar also. Die Realität ist mal wieder unromantisch: Ich verbringe Stunden damit, die Besteckschublade zu organisieren, nur damit er das nächste Mal den Sparschäler zu den Messern legt (und das geht gar nicht, da er ja in das Fach neben der Zitronenpresse gehört). Mein Auge zuckt leicht, wenn ich nichts ahnend die Besteckschublade herausziehe und sich mir ein skandalöser Anblick offenbart. Andererseits hätte ich eventuell in den zwei Stunden, in denen ich mich mit der Hierarchie von Löffeln, Gabeln und Messern auseinandergesetzt habe, auch staubsaugen und wischen können. Vielleicht ist ein sauberer Boden im Alltag wichtiger als die sortierte Schublade.

»Gut genug« ist bei uns, wenn der Sparschäler nur jedes zweite Mal bei den Messern landet und ich es

schaffe zu saugen, statt schon wieder die Backformen neu zu organisieren, bevor Gäste kommen. Apropos Staubsaugen: Wenn ich gerade sehe, dass man den Boden sowieso kaum sieht unter all dem Katzenspielzeug, diversen Klamotten, Schuhen und Taschen, ist es natürlich verlockender, erst einmal das Schuhregal zu sortieren. Ach, und dann könnte ich doch gleich die ungetragenen Schuhe mal bei eBay reinstellen! Hä? Warum funktioniert denn die Kamera nicht? Mist, ich wollte ja noch einmal zum Laden und sie reparieren lassen! Dreißig Minuten später sitze ich mit einer Sandale am linken und einem Wanderschuh am rechten Fuß auf dem Wohnzimmerboden, überall liegen Sachen herum, die ich noch verkaufen muss, während ich versuche, mithilfe von YouTube die Kamera zu reparieren. Und wenn ich schon mal auf YouTube bin, muss ich mir auf jeden Fall das Video »Gibt es Aliens unter uns?« anschauen. Ertappt klappe ich schnell meinen Laptop zu, als mein Freund zur Tür reinkommt und mich verwirrt anschaut. »Was denn? Ich bin gerade dabei, zu saugen!«

»

Ich räume nicht nur meine Wohnung auf, sondern auch meinen Kopf und mein Herz.

«

Eventuell kann es sinnvoll sein, systematisch an die Sache heranzugehen. Warum bin ich so schnell überfordert und lasse mich von anderen Dingen ablenken? Es kann helfen, große Aufgaben in kleinere Tätigkeiten zu unterteilen. Beispielsweise mache ich montags einen Reset. Das heißt, ich befreie alle Flächen und Böden so gut wie möglich von Zeug. So lässt es sich am Dienstag gleich viel schneller saugen und wischen. Das Gleiche gilt für die Arbeitsplatte in der Küche, den Esstisch, die Ablage im Flur, das Waschbecken im Bad, die Fensterbänke und so weiter. Tja, nur wohin mit dem ganzen Zeug?

Ein Platz für alles und alles an seinen Platz. Wenn alles seinen Platz hat und es vor allem einfach ist, die Dinge an ihren Platz zurückzustellen, kommt langsam Licht ins Dunkel. Ich bin nicht umsonst so besessen davon, Dinge, die ich besitze und schätze, bis ins kleinste Detail zu organisieren. Wenn ein neues Teil in meinen Haushalt wandert und ich schon weiß, dass ich es weder schön noch praktisch finde, wird es sofort weiterverschenkt oder gespendet. Der seltsame Blumentopf, den ich mal geschenkt bekommen habe, wird erfahrungsgemäß nur von einer Ecke in die andere bewegt und kommt irgendwann auf die »Ist nicht mein Problem«-Liste. Solche Dinge sind meistens Magnete für mehr Kram, den man eigentlich nicht haben will. Schnell gesellen sich ein kleines Regal, eine Dekofigur, drei Feuerzeuge und eine Lichterkette dazu. Und wo kommt die Waschbärenfamilie auf einmal her? Die Wohnung wird immer kleiner, und ich habe immer weniger Lust, mich mit dem Haushalt auseinanderzusetzen. Dennoch brauche ich einen sauberen Raum, in dem ich mich entfalten kann.

Unordnung gehört für mich zu einem der größten Stressfaktoren. Es gibt einen Grund, wieso ich mich immer so gut nach dem Aufräumen fühle: Beim Saubermachen bringe ich auch mental Ordnung in das Chaos. Und es fühlt sich jedes Mal wie ein kleiner Neuanfang an. Mein inneres Gleichgewicht sehnt sich nach einem konstanten Level an Sauberkeit, deshalb ist eine Aufräumroutine ein wichtiger Teil meines Alltags. Das bisschen Haushalt macht sich von allein, wenn die Basis geschaffen ist. Ich identifiziere erst die einzelnen Probleme und finde nach und nach Lösungen. Wenn die Jacken und Rucksäcke immer wieder im Wohnzimmer landen, ist die aktuelle Garderobe anscheinend unpraktisch. Wenn die Briefe immer wieder den Esstisch blockieren, brauche ich eine sinnvolle Ablage. Ist das Gröbste geschafft, kann ich vieles automatisieren. Ich kann einfach loslegen und muss nicht mehr überlegen, welche Aufgaben wann erledigt werden. Je nach Zeitplan, Lebensstil und Vorlieben gibt es verschiedene Möglichkeiten, um eine Aufräumroutine zu etablieren. Ich habe verschiedene Methoden ausprobiert, aber am besten funktioniert es für mich, wenn ich an jedem Wochentag feste Aufgaben habe. Beispielsweise kümmere ich mich am Mittwoch um das Badezimmer, am Donnerstag um die Küche usw. Diese täglichen Aufgaben dauern ungefähr zwanzig Minuten. Wenn ich dann noch Dinge mit hineinrechne, zum Beispiel Spülmaschine ein- und ausräumen, Betten machen, Spüle putzen etc., komme ich auf maximal eine Stunde Hausarbeit pro Tag. Eine Stunde verbringe ich schnell mal mit dem Anschauen von Katzenvideos. Dann hört es sich gleich gar nicht so schlimm an, oder?

ALLES IN ORDNUNG

Je höher der Berg, desto größer die Herausforderung!

Deshalb bietet es sich an, jeden Tag einen kleinen Hügel zu bezwingen, anstatt am Wochenende am Fuß des Mount Everest zu stehen. Es gibt tägliche, wöchentliche und saisonale Aufgaben, die sich leicht in eine tägliche Routine einfügen lassen. Ich trage sie mir als wiederkehrende Ereignisse in meinen Kalender ein.
Hier ein paar Vorschläge:

Täglich

Reset - ich finde morgens oder abends zehn Minuten Zeit (ich stelle einen Timer), gehe so schnell wie möglich durch die Wohnung und lege alles an seinen Platz zurück. Die Arbeit ist getan, wenn der Timer klingelt, egal ob noch etwas herumliegt. Es ist gut genug.

- Spülmaschine ein- und ausräumen
- Spüle sauber machen
- Arbeitsplatte abwischen
- Klamotten aufräumen
- Müll rausbringen
- Betten machen

Wöchentlich

Mo	Badezimmer putzen
Di	Staub wischen + Pflanzen gießen
Mi	Staubsaugen + Boden wischen
Do	Büro oder Kinderzimmer
Fr	Küche gründlich putzen (Kühlschrank, Herdplatte etc.)
Sa	Bettwäsche und Handtücher wechseln
So	jeweils eine Aufgabe, die monatlich gemacht werden muss

Monatlich

Polstermöbel absaugen

Backofen + Elektrogeräte

Küchenfronten und Schubladen reinigen

Katzenstreu wechseln

Saisonal – alle drei bis zwölf Monate

Fenster putzen

Gardinen und Vorhänge waschen (Rollos etc.)

Teppiche reinigen

Kissen, Decken & Matratzen reinigen

Pflanzen umtopfen, Balkon- oder Garten-Reset

Kleidung aussortieren (Kleiderschrank auswischen)

Waschmaschine reinigen

Spülmaschine reinigen

Küchengeräte entkalken

Spinnweben entfernen

Türen und Fußleisten säubern

(Kaputte) Sachen aussortieren oder reparieren

Uff! Es gibt viel zu tun, aber wenn ich am Ball bleibe und die einzelnen Aufgaben schon fest als Termine eingeplant sind, fällt es mir leichter, sie zu erledigen. Das Gefühl einer sauberen Wohnung ist unbezahlbar. Ich trage mir die einzelnen Punkte gleich ein, dann putzt sich das Bad fast von allein. Der berühmte »Masterplan« fürs Leben kann ein Google Kalender sein.

Ich schätze meinen Körper
und versorge ihn mit dem, was er braucht.

IN DER KÜRZE LIEGT DIE WÜRZE

»WAS ESSE ICH HEUTE?« ist die rhetorische Frage, die mich vermutlich den Rest meines Lebens quälen wird. Sie ist meistens die erste Frage beim Aufstehen und eine der letzten, wenn ich einschlafe. Leider kann ich sie nicht so gekonnt ignorieren wie meinen Haushalt oder aufschieben wie meine Finanzen, denn wenn ich Hunger habe, DANN HABE ICH HUNGER. Je größer der Hunger, desto unüberlegter die Entscheidungen. Die guten Vorsätze, besser auf meine Ernährung zu achten, sind beim ersten Magenknurren schneller weg als die Packung Kekse, die ich eigentlich für das Wochenende gekauft habe. Dazu eine Handvoll Chips und ein paar Oliven, und schon ist das Mittagessen erledigt. Kurze Zeit später geht das Knurren wieder los, und die schlimmste und gefährlichste Idee überhaupt lässt nicht lange auf sich warten: Seufzend unterbreche ich meine Arbeit und gehe mit knurrendem Magen einkaufen. Zwei Stunden später stolpere ich finanziell ruiniert, erschöpft und schon mit einem halben Brot zwischen den Zähnen in die Wohnung und scanne ratlos meine Ausbeute: Was kann ich denn jetzt aus einer Aubergine, Schokosplittern, Dijonsenf und Trüffelpralinen Schönes zaubern?

Mein Magen rebelliert, und ich schiele zur Tiefkühlpizza für den Notfall. Der Notfall ist offensichtlich schon eingetreten. Mein Kater Pablo wirft mir einen

»

Bin ich schlecht drauf, oder brauche ich einfach nur Pommes und eine kleine Cola zum Mitnehmen?

«

wissenden Blick zu. Diese Frau hat ihr Leben mal wieder nicht unter Kontrolle. Er hat leicht reden, für ihn ist die ewig gleiche Dose Katzenfutter das Beste, was er je gefressen hat. Ein echter Purist. Ich mag es da abwechslungsreicher. Dann soll die Zubereitung nicht lange dauern, und es soll gesund und günstig sein.

In der Theorie ist es natürlich weiser, sich hinsichtlich der eigenen Mahlzeiten besser zu organisieren. Was in der Praxis jedoch oft scheitert, weil ich, anders als Pablo, nicht jeden Tag das Gleiche essen will. Seufzend stelle ich fest, dass man einfach nur Pablo sein müsste. Dann wäre vieles einfacher.

An einem besonders stressigen Mittwoch starre ich zum dritten Mal innerhalb einer Stunde in den Kühlschrank. Der Käse starrt zurück und ist mindestens genauso unzufrieden, mich zu sehen. Missmutig fische ich eine Scheibe direkt aus der Packung und stecke sie mir in den Mund. Mein Magen grummelt, und ich muss mit Entsetzen feststellen, dass die letzte Scheibe Brot, die ich fest eingeplant habe, in pelzigem Grün schimmert. Während ich das Brot in den Restmüll pfeffere, beschließe ich, dass mir meine Essensproblematik ein für alle Mal genug Zeit, Geld und Gesundheit (die Heilige Dreifaltigkeit des Unwohlseins) geraubt hat.

Natürlich ist nicht jeder Tag chaotisch. Ich habe zwei Methoden, um mich zu organisieren, und beide funktionierten nur mittelmäßig. Zum einen stolpere ich hin und wieder über ein Rezept, das sich gut anhört, und plane dementsprechend meinen Einkauf. Ich schreibe eine Liste, kaufe brav nur die Sachen ein, die darauf stehen, fahre nach Hause, koche, esse und bin sehr zufrieden mit mir. Am nächsten Tag fällt mir plötzlich ein, dass ich die restlichen sechs Tage nicht bedacht habe, und mache mich wieder auf den Weg zum Supermarkt. Die ganze Routine wiederholt sich: Ich esse Snacks statt einer vernünftigen Mahlzeit, kaufe hungrig ein und falle über die Notfallpizza her. Die Katzen schauen mich vorwurfsvoll an, und die Geschichte wiederholt sich bis in alle Ewigkeit.

Zum anderen greife ich meistens zu Grundnahrungsmitteln wie Nudeln, Reis, Kartoffeln, Dosentomaten usw., aus denen ich jedoch kein vollwertiges Gericht kochen kann, da mir einzelne wichtige Zutaten fehlen. Wer hat schon Lust auf Nudeln mit ungewürzten Tomaten aus der Dose? Ohne Zwiebeln und Knoblauch? Mein Lösungsweg führt entweder zum zehnten Mal in den Supermarkt oder zum sehr viel verlockenderen Falafel-Stand.

Oftmals werden Lebensmittel schlecht und landen im Abfall. Entweder weil ich bereits auswärts gegessen habe oder weil ich nicht weiß, wie ich sie noch verwenden könnte. Auf nüchternen Magen betrachtet schien meine gesamte Freizeit aus Einkaufen, Kochen, schlechtem Gewissen, Stress und Lebensmittelverschwendung zu bestehen. Es musste definitiv etwas geschehen. Die Lösung liegt eigentlich auf der Hand, klingt aber nach so viel Arbeit, dass ich sie immer wieder verdränge: Ich müsste mich einmal pro Woche hinsetzen und alle Mahl-

»

Spät anfangen, neu anfangen, wieder anfangen – egal: einfach anfangen.

«

zeiten für die nächsten sieben Tage planen, um dann nur einmal pro Woche einkaufen zu gehen. Meistens kann ich mich aber nicht einmal für ein Rezept entscheiden. Wie soll ich dann jede Woche sieben verschiedene auswählen? Allein der Gedanke, Kochbücher, Pinterest-Boards und Online-Rezepte zu durchstöbern, macht mir Gänsehaut.

Vielleicht denke ich auch zu kompliziert. Gibt es wirklich keine schnellen und leckeren Gerichte, die mir einfallen? Ich öffne meine Notiz-App und schreibe: Nudeln mit Tomatensauce – geht ja bekanntlich immer. Was gibt es noch? Ofenkartoffeln! Das Curry, das ich letztens gekocht habe, war ein Hit! Und ich freue mich immer noch über Spinat mit Spiegelei und Kartoffelpüree. Na also! Vier Ideen sind schon besser als gar keine. Nun kann ich gezielter nach ausgefeilteren Varianten suchen. Ich überlege auch, wie ich mehr frisches Gemüse einplanen kann, und entschließe mich, einen einfachen Salat zu den einzelnen Gerichten zu essen. Mein Frühstück bleibt sowieso immer dasselbe (Käsebrot ist ein gutes Brot), und um die Mittagszeit gibt es meistens Obst mit Quark oder Nüssen. Die Einkaufsliste schreibt sich fast von alleine, und aus drei organisierten Tagen werden irgendwann fünf. Meine Lieblingsrezepte schreibe ich auf Karteikarten und lege sie als Go-To-Rezepte in eine kleine Rezeptbox. Auf diese Weise sind alle Rezepte an einem Ort, und ich kann meine Sammlung beliebig erweitern und wieder aussortieren. Ich muss mir nicht mehr jeden Tag den Kopf zerbrechen, was es zu essen geben soll, und kann meine grauen Zellen für wichtigere Dinge nutzen (zum Beispiel zuerst Cornflakes oder zuerst Milch?).

Anfangs gibt es jede Woche Spaghetti Bolognese, was mich jedoch nicht im Geringsten stört. Nachdem ich jeden Tag Käse aus der Packung als Abendessen bezeichnet habe, fühlt sich diese wöchentliche Delikatesse wie ein Aufstieg in den Gourmet-Himmel an. Die Umstellung verläuft holprig, und zugegebenermaßen gibt es die üblichen chaotischen Tage, aber ich schaffe es zumindest, mindestens vier Gerichte pro Woche zu planen und dafür einzukaufen. Meistens bin ich sowieso an zwei Abenden verabredet, also lagere ich das Essen aus oder koche mit Freunden zusammen. So werden aus anfangs nur einem organisierten Tag in der Woche irgendwann fünf. Mittlerweile ist meine Rezeptbox so gut gefüllt, dass es viel Abwechslung gibt. Und die Stunde, die ich früher täglich im Supermarkt verbrachte, widme ich nun der Zubereitung. Ich ernähre mich jetzt ausgewogener, plane ausreichend frische Lebensmittel ein, muss viel weniger wegwerfen und kann mir guten Gewissens auch mal auswärts ein Essen gönnen. Ich schätze meinen Körper und versorge ihn mit dem, was er braucht. Ich spare Zeit, Geld und Nerven, was sich positiv auf meinen Alltag auswirkt.

Alte Gewohnheiten sind schwer loszuwerden. Deshalb schiebe ich mir noch schnell die letzten Kekse und Oliven in den Mund, bevor ich aus dem Haus gehe. Denn auf leeren Magen kauft es sich bekanntlich schlecht ein.

Überlege dir ein Gericht, das du jede Woche essen könntest.

REZEPTBOX

Ich suche mir drei bis sieben Karten in einem DIN-A6-Format. Man kann Karteikarten benutzen oder welche aus festerem Papier zurechtschneiden.

Hier ist ein Beispiel für ein Layout. Du kannst es auf www.knesebeck-verlag.de herunterladen.

Ich schreibe meine Lieblingsrezepte auf die Karten und erweitere nach und nach die Rezeptsammlung. Zur Aufbewahrung kann man sie mithilfe einer Foldback- Klammer fixieren, sie in eine Mappe legen oder eine passende Rezeptbox kaufen.

Was soll ich heute essen?

Diese Frage gehört der Vergangenheit an. Ich plane meine Mahlzeiten für die Woche, indem ich sieben zufällige Karten aus der Rezeptbox ziehe. Tada! Das Universum hat die Entscheidung für mich getroffen!

Masterplan

Ich habe einen Tag für das Planen und Erstellen der Einkaufsliste in der Woche festgelegt. Einen weiteren Tag plane ich für das Einkaufen ein und trage beide Tage als feste Termine in meinem Kalender ein.

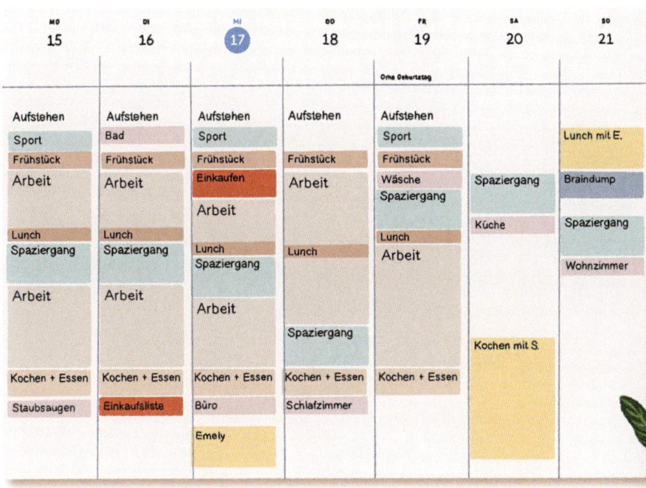

Überblick behalten

Mein Kalender bietet mir einen genauen Überblick über Tage, an denen ich nicht zu Hause koche. So kann ich dementsprechend weniger einkaufen, und es landet nicht mehr so viel im Müll.

Ich bin es wert, in mich selbst zu investieren.

DAS BESTE INVESTMENT

EINFACH NICHT MIT GELD UMGEHEN KÖNNEN bedeutet für mich, sein Geld innerhalb weniger Tage auf den Kopf zu hauen, unnötigen Kram zu kaufen, nicht an morgen zu denken oder Schulden zu machen. Das mag vielleicht zutreffen, aber heute weiß ich, dass mein anderes Extrem genauso unsinnig ist: Geld immer schön unter die Matratze zu legen und sich nie trauen, es auszugeben. Denn dafür ist es ja da. Weil ich den richtigen Umgang mit Geld nie gelernt habe und es anscheinend ein großer Fauxpas ist, darüber zu sprechen, nehme ich mir nur ein Prinzip zu Herzen: darauf achten, dass es sicher auf dem Konto liegt und so wenig wie möglich davon ausgeben.

Während meine Freund:innen und Kommiliton:innen ihre ersten großen Jobs in Agenturen, Schulen, Betrieben oder Start-ups antreten und die Sicherheit eines stetigen Gehalts auf ihrem Konto haben, stolpere ich nichts ahnend in die Unsicherheit der Selbstständigkeit. Genau das Richtige für mein Bedürfnis nach Kontrolle und Sicherheit. Eigentlich habe ich mich nie bewusst dafür entschieden, den »großen Schritt« zu wagen, denn mein Einstieg in die freie Wirtschaft fängt, wie alle guten Geschichten, weder mit einer großartigen Idee noch mit einem ambitionierten Traum an. Vielmehr stehe ich am Ende meines Bachelorstudiums vor einem sehr dringlichen Problem: »Ach ja, da war ja was!

»

Nur weil etwas Zeit braucht, heißt das nicht, dass es nicht passiert.

«

Wie bezahle ich jetzt eigentlich meine Miete?« Der zwar kleine, aber für meine Existenz notwendige BAföG-Groschen fällt auf einmal weg, und die Angst, wieder bei meinen Eltern einziehen zu müssen, lässt mich die Bewerbungen schneller rausschicken, als ich »gute Word-Kenntnisse« in meinen Lebenslauf schreiben kann.

Während ich also auf Antworten von Grafikagenturen warte, stoße ich beim nächtlichen Scrollen im Internet auf einen Online-Marktplatz. Hier bieten Künstler nicht nur handgemachte Ohrringe in Form von Super-Mario-Pilzen an, sondern fertigen auf Wunsch Portraits von Haustieren an. Man muss der Shop-Betreiberin nur eine Fotovorlage schicken und erhält eine digitale Zeichnung vom geliebten Vierbeiner. Und das für schlappe vierzig Euro und dreiundzwanzig Cent. Ungläubig starre ich auf den Bildschirm, während mich das digitale Gleichnis einer schwarz-weißen Katze namens *Meatball* anschielt.

Tagelang hadere ich mit mir, ob ich meine letzten hundert Euro tatsächlich in ein digitales Zeichentablet stecken soll. Wie hoch stehen die Chancen, dass mir ganz eventuell und nur vielleicht jemand 40,23 Euro für eine Zeichnung seiner Katze bezahlt? Ganz zu schweigen davon, dass ich bis dahin noch nie eine digitale Zeichnung angefertigt habe. Trotzdem: Da ist er, der Moment, in dem mein Bauchgefühl (vielleicht ist es auch nur mein knurrender Magen) mir mitteilt: Du bist auf der richtigen Spur. Vielleicht romantisiere ich die Geschichte in meiner Erinnerung, aber das kribbelnde Gefühl einer Vorahnung ist ganz eindeutig da: Ich bin es wert, in mich selbst zu investieren.

Der Rest ist Geschichte, denn acht Jahre später sitze ich mit eigener Umsatzsteuer-Identifikationsnummer, doppelter Buchführung, Excel-Tabellen und Terminen bei der Steuerberaterin in meinem Atelier und arbeite an meinem zweiten Buch.

Doch zurück zum Anfang: Meine letzten hundert Euro in ein Gerät zu investieren, ist natürlich kein großes Risiko, zumal ich eine Woche später bereits einen Studentenjob in Aussicht habe. Weder meine finanzielle Existenz noch meine zukünftige Kreditwürdigkeit hängen an hundert Euro. Sie sind vielmehr ein symbolisches Investment in das Vertrauen in mich selbst, einen anderen Weg zu gehen als meine Kommiliton:innen, Freund:innen und Bekannten. Ein Investment in meine Resilienz, trotzdem dranzubleiben, obwohl ich monatelang an etwas arbeite, das keine Gewinne abwirft. Ich werde täglich belächelt und infrage gestellt, und trotzdem lasse ich mich nicht davon abbringen. In dieser Zeit lerne ich, was Durchhaltevermögen ohne unmittelbare Entlohnung eigentlich bedeutet. Ich kämpfe mich in meiner Freizeit mit Suchmaschinenoptimierung, Recherche und Marketing ab, kann aber überhaupt nicht abschätzen, ob es vielleicht nicht doch an der Zeit ist, das Handtuch zu werfen. Resigniert gebe ich mir noch eine letzte Woche, bis mir das Wunder vom Weihnachtsgeschäft meine erste Bestellung einbringt. Ein unbeschreibliches Gefühl: *Du bist auf dem richtigen Weg. Du kannst dir selbst vertrauen.* Die Katzen kommen endlich ins Rollen, die Investition in meine Zeit und Disziplin zahlt sich endlich aus, sodass ich nach einem halben Jahr meinen Studentenjob kündigen kann. Und trotzdem: Auf die Frage »Was machst du so beruflich?« mit »Ich zeichne Tierportraits« zu antworten, ist mir immer irgendwie unangenehm. Ja, ich weiß, andere heilen Krankheiten oder entdecken neue Galaxien, aber immerhin kann ich mich mittlerweile mit dem Onlineshop komplett selbst finanzieren. Erfolg ist nicht linear, denn er lässt sich nicht klar definieren und sieht für jede Person anders aus.

Trotzdem bin ich permanent mit Existenzängsten konfrontiert: Was, wenn das alles auf einmal aufhört? Was, wenn schlechte Zeiten kommen und ich keine Aufträge mehr bekomme? Wie viel, von dem was ich verdiene, »darf« ich wirklich ausgeben? Ich habe das Gefühl, dass ich jeden Auftrag annehmen muss, weil es von einem Tag auf den anderen »aufhören« kann.

Nach zwei Jahren Selbstständigkeit bin ich uninspiriert, hoffnungslos überarbeitet und kann mich nicht mehr dran erinnern, wie ein freier Tag überhaupt aussieht. Eigentlich habe ich genug Rücklagen, um eine Pause zu machen, denn langsam kommen auch große Aufträge von Marken und Verlagen rein, aber ich klammere mich immer noch an meine *sicheren* Portraits, obwohl ich sie mittlerweile nur noch ungern mache. Eigentlich will ich schon längst freier arbeiten und mehr von dem zeichnen, was mich wirklich interessiert. Aber dafür muss ich mich zuerst mit meiner finanziellen Lage auseinandersetzen.

Ich lebe in einem stetigen Zustand des Mangels, obwohl ich momentan mehr Geld zur Verfügung habe als je zuvor in meinem Leben. Trotzdem erlaube ich es mir nicht, einen Cent zu viel auszugeben, da ich mich nicht auf ein regelmäßiges Einkommen verlassen kann. Gleichzeitig bin ich frustriert, dass ich den Großteil meiner Zeit mit Tabellen, Zahlen und Verwaltung verbringe. Dabei habe ich extra *irgendwas mit Kunst* studiert, um diese Art von Arbeit zu vermeiden. In der Zeit, in der ich an meiner Steuererklärung verzweifele, kann ich genauso gut an Projekten arbeiten, die mich beruflich weiterbringen. Ich *verschwende* kein Geld, indem ich meine Buchhaltung in professionelle Hände gebe, sondern gewinne mehr Zeit, an dem zu arbeiten, worin ich gut bin und was mir Freude bereitet. Das alte Tablet, auf dem ich noch jahrelang arbeite, ist im Vergleich zu einem neueren Modell dermaßen langsam, dass ich bei jedem Einfrieren und Abstürzen des Programms buchstäblich Geld verliere, das ich genauso gut in das neue Modell stecken könnte.

Bis heute hadere ich mit großen finanziellen Entscheidungen, aber über die Jahre habe ich gelernt, dass sich Investitionen immer lohnen, wenn sie mein Leben erleichtern. Beispielsweise kann ich meinen Stresslevel massiv senken, wenn mein Zeichentablet auf dem neuesten Stand ist und nicht nach drei Stunden Arbeit plötzlich abstürzt. Um Tabellen und Buchhaltung komme ich als Selbstständige nicht herum, jedoch investiere ich heute gerne die Zeit, um später Sicherheit und Rücklagen zu haben. In sich selbst zu investieren, bedeutet nicht automatisch, Geld zu verlieren, sondern Zeit, Erfahrungen und Wissen zu gewinnen.

Erstelle ein Visionboard auf Pinterest mit all den Dingen, die dich inspirieren. Gib deinen Wünschen einen Raum.

Es ist so einfach, man muss es nur machen! Ich habe mich lange davor gedrückt, meine Ausgaben monatlich aufzuschreiben. Die ganze Prozedur dauert maximal zwanzig Minuten. Hier ein paar Tipps für die ersten Schritte:

Ausgaben

- Lege ein Google Docs Dokument an (Excel geht auch).
- Trage rechts alle deine monatlichen Ausgaben ein und oben die Monate (du kannst dich an meiner Vorlage auf der rechten Seite orientieren).
- Posten wie »Miete«, »Versicherungen« etc. kannst du monatlich übertragen.

Einnahmen

- Verrechne deine Ausgaben mit deinen Einnahmen, um sofort einen Überblick zu haben, ob du gut haushaltest.
- Anleitungen für die passenden Rechenfunktionen lassen sich leicht online herausfinden.

Rücklagen

Richte dich ungefähr nach der 50/30/20-Regel:

- Plane 50 Prozent deines Einkommens für deine Fixkosten ein (Miete, Versicherungen, Lebensmittel etc.).
- 30 Prozent können für Ausflüge, Hobbys und alles, was sonst Spaß macht, ausgegeben werden.
- Die restlichen 20 Prozent legst du zurück.

Ausgaben:	Jan	Feb	Mär	Apr	Mai	Jun	Jul	
Miete								
Versicherungen								
Lebensmittel								
Drogerie								
Apotheke								
Kleidung								
Internet								
Mobilfunk								
Verkehrsmittel								
Reparaturen								
Freizeit								
Urlaub								
Geschenke								
Abos								
Kinder								
Haustiere								
...								
Summe								
Einnahmen								
Einnahmen-überschuss								

Ich bin voller Kraft und Energie, ich passe auf mich auf.

TATORT FITNESSSTUDIO

OB ES NUN DARUM GEHT, mich gesund zu ernähren, Zahnseide zu benutzen, Arzttermine zu vereinbaren, zum Friseur zu gehen oder einfach nur pünktlich im Bett zu sein – sich um mich selbst zu kümmern, fühlt sich statt nach Entspannung nur nach noch mehr To-dos an. Irgendwie funktioniert es auch ohne Bewegung und ohne ausgewogene Ernährung. Außerdem habe ich keinen wirklichen Vergleich: Alles läuft irgendwie. Ich schlafe ganz okay, ich ernähre mich ganz okay, ich bin zwar oft antriebslos, aber es stört mich nicht wirklich, denn ich kenne es nicht anders. Mir ist durchaus bewusst, dass ich endlich mal mit Sport anfangen sollte, weil man das ja so macht, aber meine Aversion gegen körperliche Betätigung ist dermaßen groß, dass ich sofort dichtmache, sobald jemand das Thema auch nur erwähnt.

Als ich damit beginne, meine Tagesabläufe, Verhaltensmuster und Gefühle zu hinterfragen, komme ich irgendwann nicht mehr umhin, mich letztlich auch mit dem verhassten Thema Sport zu beschäftigen. Wenn mir etwas so sehr gegen den Strich geht, dass es mir allein beim Gedanken daran schon eiskalt den Rücken herunterläuft, gibt es mit Sicherheit einen tieferen Grund dafür als nur »ist einfach nicht so mein Ding«. Es erfordert viel Kraft, sich mit den Ursachen eines Problems auseinanderzusetzen, und genau diese Kraft hat mir lange

gefehlt. Die unzähligen negativen Erfahrungen sitzen einfach zu tief:

Ich bin acht Jahre alt und strample mich auf meinem Mini-Fahrrad ab, während meine Klassenkamerad:innen bereits mehrere hundert Meter vorfahren. Meine Räder sind zu klein, um mit den größeren Fahrrädern der anderen Kinder mitzuhalten. Ich muss doppelt so viel strampeln, um meine Geschwindigkeit zu halten, und bin jetzt schon am Ende meiner Kräfte. Ich weiß, dass ich sie niemals einholen werde. Am liebsten würde ich mich so weit zurückfallen lassen, bis ich niemanden mehr sehen kann.

Ich bin elf Jahre alt und stehe fröstelnd beim Sportunterricht. Es riecht nach Fuß, das schrille Pfeifen des Lehrers hallt durch die Halle. Die Turnschuhe meiner Mitschüler:innen quietschen auf dem grauen Boden mit den bunten Markierungen. In Zeitlupe sehe ich den Fußball direkt auf meinen Kopf zusteuern. Trotzdem schaffe ich es nicht, mich schnell genug wegzuducken. Der Schmerz und die Demütigung brennen auch noch zwanzig Jahre später in meinem Gesicht.

Ich bin fünfzehn Jahre alt, und zwei Jungs stöhnen frustriert, weil mir der Volleyball-Aufschlag auch nach dem dritten Mal nicht gelingt. Meine Unterarme leuchten rot vom Aufprall des Balls auf meiner Haut, und ich versuche, meine Tränen zurückzudrängen. Genervt kritzelt mein Lehrer eine Vier minus hinter meinen Namen. Im Gegensatz zu Mathe bekomme ich keine Nachhilfe in Sport. Dabei habe ich sie dringend nötig. Aber Sport kann ja jedes Kind, was ist schon dabei? Ein bisschen laufen, springen und ab und zu mal den Ball hin und her werfen. So schwer ist das doch nicht – außer vielleicht für diejenigen, die immer schon körperlich unterlegen sind. Von klein auf gibt es für mich keine positive Erfahrung beim Sport. Jede Form von Anstrengung ist mit Übelkeit, Schmerz und Erschöpfung verbunden. Also beschließe ich, dass Sport nichts für mich ist, und vermeide alles, was auch nur ein bisschen nach sportlicher Betätigung aussieht. Ich fühle mich wohl in meinem Körper, spüre aber auch, wie wenig Kraft und Antrieb ich im Vergleich zu meinen Freunden habe. Trotzdem komme ich auch ohne Sport ganz gut durchs Leben, was mir wiederum beweist, dass es ja nicht so wichtig sein kann.

Ich bin 28 Jahre alt und fühle mich unausgelastet vom ewigen Sitzen, bin abgeschlagen und habe keine Energie. Die gekrümmte Sitzhaltung beim Zeichnen fordert ihre ersten Tribute. Als ich mit leichtem Rückenschmerz aufwache, der sich im Laufe des Tages intensiviert, fällt es mir

immer schwerer, über längere Zeiträume am Schreibtisch zu sitzen. Erst jetzt fange ich an nachzudenken. Es wird Zeit, dass ich etwas unternehme, wenn ich meinen Beruf weiterhin ausüben möchte. Die Hürde ist jedoch viel zu groß: Ich weiß nichts über Trainingspläne, Bewegungen, Nährstoffe, Muskelaufbau, Fitnessstudios und Gewichte. Ich muss nicht alles alleine bewältigen und kann Hilfe annehmen.

»
Disziplin ist die stärkste Form der Selbstliebe.
«

In Bezug auf Sport bin ich nie auf die Idee gekommen, professionelle Hilfe in Anspruch zu nehmen. Spätestens seit Corona weiß ich jedoch, dass ich beispielsweise in der Lage bin, mir selbst die Haare zu schneiden (wie schwer kann das schon sein?). Aber nur, weil ich es kann, heißt es nicht, dass ich es auch tun sollte. Vielleicht würde ich irgendwann sogar besser werden, aber ich habe weder das richtige Werkzeug noch die richtige Ausbildung und überlasse meine Frisur daher lieber den Profis. Ähnlich erfolglos wie meine Frisurversuche sind auch meine Bemühungen, mich sportlich zu betätigen. Warum sollte ich einen Bereich in meinem Leben, der nie wirklich funktioniert hat, nicht auch dem Profi überlassen? Wie der Zufall es will, ist ein guter Freund von mir als Fitness-Coach nicht nur mit dem richtigen Werkzeug ausgestattet, sondern auch fachlich ausgebildet. Ich muss mich nur trauen, ihn um Hilfe zu bitten …

Ich bin 31 Jahre alt und mache mein letztes Set Kniebeugen in einem Fitnessstudio. Es riecht nach Fuß, Fitnessgeräte surren im Raum. Es ist anstrengend, aber ich werde alle Wiederholungen zu Ende bringen. Mein Körper hat sich an die Anstrengung gewöhnt, da ich seit fünf Monaten darauf hin trainiere: Ich habe mit den einfachsten Übungen in meinem Wohnzimmer angefangen, die speziell für mich zusammengestellt wurden. Ich setze mir leichte Ziele, die ich problemlos erreichen kann. Nach und nach habe ich entdeckt, dass mein Körper stark und beweglich sein kann. Überrascht stelle ich fest, dass es auch ohne Schmerzen und Schwindel geht und dass ich mich nicht mehr mit anderen vergleichen muss. Wenn es doch mal Probleme gibt, habe ich einen Ansprechpartner, der mir hilft, sie zu lösen. Diszipliniert beginne ich den Tag mit meinem Training. Ein verstohlenes Lächeln macht sich nach ein paar Minuten auf meinem Gesicht breit. Jetzt kann ich sie ganz deutlich spüren: die Motivation.

Ich bin körperlich und mental stärker denn je, weil ich mich Tag für Tag meinen Ängsten entgegenstelle, bis ich sie schließlich besiegen kann. Ich habe gelernt, dass das Bild, das ich von mir habe, nicht in Stein gemeißelt ist.

Ich bin voller Kraft und Energie, ich passe auf mich auf. Auf mich selbst zu achten, ist kein nerviges To-do auf einer Liste mehr. Ich weiß, dass der Stress des Tages von mir abfallen wird, wenn ich raus an die frische Luft gehe. Jetzt, wo ich die Gewissheit habe, dass die blöden Ratschläge funktionieren, habe ich auch das Bedürfnis, sie fest in meinen Alltag einzubauen. Erst heute erkenne ich, wie antriebslos, kraftlos und unmotiviert ich früher war.

Die wirkliche Hürde war nicht der Sport selbst, sondern der Weg zur Einsicht, dass meine damaligen Gewohnheiten mir nicht gutgetan haben. Zu erkennen, dass ich heute anders sein darf als gestern, ist ein großes Geschenk. Ich schließe fest die Augen und sende meinem verängstigten elfjährigen Ich eine Umarmung und eine wichtige Nachricht aus der Zukunft: Du wirst Dinge schaffen, die auf den ersten Blick unmöglich erscheinen.

HABIT TRACKER

Sich um die eigene Gesundheit zu kümmern, ist keine 30-Tage-Challenge. Trotzdem kann ein Habit Tracker dabei helfen, dranzubleiben und erste Routinen zu etablieren. Du kannst dir die Vorlage auf www. knesebeck-verlag.de herunterladen.

Die richtige Zeit, um endlich anzufangen, mich mehr zu bewegen und meine Ernährung anzupassen, wird nie kommen.

Gerade dann, wenn ich viel zu tun habe, kann ich neue Routinen besser in meinen Alltag einplanen. Wenn ich nur dann Sport mache, wenn ich endlich mal mehr Freizeit habe, werde ich damit aufhören, sobald wieder mehr zu tun ist.

Ich bewege mich heute, mache mein Training und achte auf meine Ernährung, damit ich morgen, nächste Woche und in den nächsten Jahren fit genug bin, um mein Leben zu genießen.

Ich bin bereit, mich zu verändern.

Ich übernehme die Verantwortung für meine Gesundheit.

Ich bin stolz auf mich, den ersten Schritt gemacht zu haben.

Ich sorge gut für meinen Körper.

Ich schaffe es, meine Ziele zu erreichen.

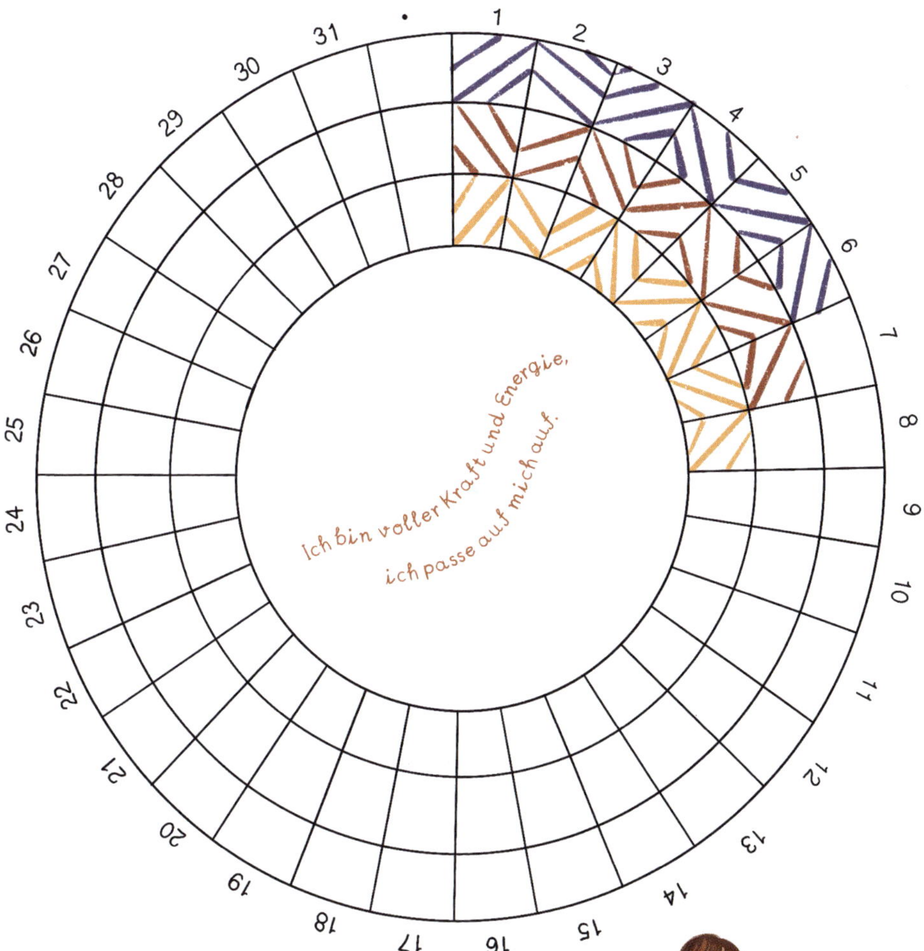

- Schritte
- Sport
- Wasser trinken

Ich bin ein kreatives Geschöpf,
einfach nur, weil ich existiere.

HILFE, ICH HABE FREI!

WENN AUCH DAS LETZTE TO-DO erledigt ist, alle Verabredungen hinter mir liegen und sich das klitzekleine bisschen Freizeit anbahnt, gerate ich in Panik. Zeit, die ich nur für mich alleine habe, ist extrem selten, und so setze ich mich schön unter Druck, sie auch bloß »richtig« zu nutzen. Ich sollte endlich meinen Schrank ausmisten, mein Fahrrad putzen, den Stuhl neu lackieren oder vielleicht doch an einem neuen Buch schreiben? Vor lauter Möglichkeiten befördert mich eine Übersprunghandlung aufs Sofa, wo ich meist stundenlang gedankenverloren scrolle. Nur noch fünf Minuten ... bis ich mit dem schlechten Gewissen, meine kostbare Freizeit weggewischt zu haben, ins Bett falle. Am Ende eines stressigen Tages bin ich meist so ausgelaugt, dass ich unmöglich ohne Bildschirm entspannen kann.

Ich bin wieder in der dritten Klasse, fülle die Diddl-Freundebücher meiner Klassenkamerad:innen aus und muss nicht lange über die Frage nach meinem Hobby nachdenken: malen! Ist doch klar wie Kloßbrühe.

Mehr als zwanzig Jahre später gebe ich Konfuzius so was von unrecht! »Wähle einen Beruf, den du liebst, und du brauchst keinen Tag in deinem Leben mehr zu arbeiten« hätte er eher mit »und du wirst jede freie Minute arbeiten und niemals Zeit für etwas anderes finden« beenden sollen. Seit ich Geld mit meinem Hobby

»

Vielleicht ist alles gar nicht zu viel. Sondern zu wenig: Begeisterung. Freude. Freizeit.

«

verdiene, ertappe ich mich ständig bei dem Gedanken, wie ich auch noch meine Freizeit monetarisieren kann. Work-Life-Balance hört sich in der Theorie gut an, aber wie verklickere ich das meinem Gehirn? »Du, ich will nicht stören, aber könntest du bitte aufhören, kreativ zu sein? Hast du die letzte Rundmail übersehen? Das Management hat seit letzter Woche entschieden, dass wir ab 18 Uhr Energie sparen müssen. Entspann dich und denk nicht mehr an rosa Elefanten.«

Meistens schleichen sich bei mir neue Interessen ganz unschuldig an. Hier ein Foto auf Instagram von einem bestickten Kissen, da ein Pinterest-Post, wie jemand eine ganze Badematte in Form eines Tigers herstellt. Plötzlich werden mir immer mehr Beiträge vorgeschlagen, und ich finde heraus, dass die Technik *Punch Needling* heißt. Mein Atelier platzt jetzt schon aus allen Nähten, und ich könnte eigentlich einen eigenen Bastelladen aufmachen, aber gucken kostet ja nichts. Ich recherchiere nur ein bisschen … Drei Stunden später schaue ich mir das zehnte Tutorial auf YouTube an und weiß alles über die richtige Dicke der Wolle, das beste Modell der Stanznadel, und eigentlich habe ich schon eine ganze Punch Needle-Kollektion geplant. Aufgeregt warte ich auf meine Bestellung von Webrahmen, Trägerstoff und Stanznadel – ich muss wohl vor ein paar Tagen aus Versehen auf die Tastatur gefallen sein. Und irgendwie sind alle nötigen Materialien im Warenkorb gelandet. Praktischerweise liegt die passende Wolle sowieso schon im Schrank. Kann man wohl nichts machen. Es ist ein Samstagmorgen im November, ich habe alle wichtigen Snacks eingekauft, und meine Lieblingsserie läuft im Hintergrund, während ich aufgeregt die

ersten Garnschlaufen in den Stoff steche. Nach ein paar Stunden habe ich den Dreh raus: Aus meinen Schlaufen wird eine dicht gewebte Oberfläche. Glückselig befühle ich die fertigen Stellen. Wow, das habe ich gerade aus einem Stück Stoff und ein bisschen Wolle hergestellt. Ich freue mich wie ein kleines Kind.

Nach ein paar Wochen werden die Schlaufen immer ordentlicher, und ich entdecke, wie ich mehr Details in meine Motive arbeiten kann. Während ich einen Knoten neben dem anderen platziere, ertappe ich mich bei dem Gedanken, ob das nicht ein möglicher Nebenverdienst sein könnte. Ich kann mich anscheinend nicht einfach darüber freuen, dass ich besser werde und bald ein schönes Kissen ganz für mich alleine habe. In meinem Kopf bin ich längst dabei, den Aufwand gegen einen potenziellen Gewinn zu rechnen.

Anstatt in dem Gefühl völliger Vertiefung in meinem Hobby aufzugehen, das ich bis vor Kurzem noch so deutlich gespürt habe und mich auf so wunderbare Weise jegliches Zeit- und Raumgefühl vergessen ließ, macht mir mein Workaholismus einen gewaltigen Strich durch die Rechnung.

Meine Gewohnheit, jeden kreativen Schritt zu dokumentieren und ihn in einer Instagram-Story zu vermarkten, ist zwar für meinen Beruf wichtig und richtig, aber damit verwandle ich meine so hart erkämpfte Freizeit in noch mehr Arbeitszeit. *Ich darf meine Freizeit damit verbringen, einfach nur zu kreieren und den Prozess zu genießen.*

Nicht umsonst kann ich mich stundenlang in den sozialen Medien verlieren und wertvolle Einblicke in Arbeiten von anderen Künstlern erhaschen. Gleichzeitig muss ich mich jedoch zwischenzeitlich daran erinnern, dass die Plattformen keine realen Dokumentationen von Schaffensprozessen darstellen. Ich sehe meist nur die sehr beeindruckenden Endprodukte und Resultate von professionellen Accounts, die damit ihr Geld verdienen. Viele Hobbykünstler:innen, -sportler:innen und -köch:innen zeigen selten den langwierigen Prozess und die etlichen Fehlversuche, die sie mit Sicherheit gebraucht haben, bis sie die perfekten Keramiktassen, Rückwärtssaltos und viergeschossigen Torten hinbekommen haben. Wenn ich zu lange Bestleistungen und perfekt inszenierte Videos konsumiere, habe ich nicht umsonst das Bedürfnis, jede Sekunde produktiv sein zu müssen und meine Hobbys zu vermarkten.

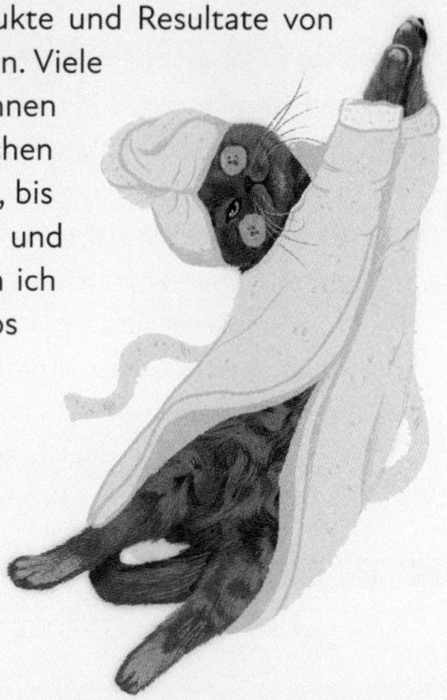

Eigentlich sollte gerade ich es besser wissen. Auch ich habe auf die gleiche Weise mit dem professionellen Zeichnen angefangen. Trotzdem musste ich schnell feststellen, dass ich mental eine Grenze

» Ich darf meine Zeit mit Dingen verbringen, die allein den Zweck haben, mir Freude zu bereiten. «

zwischen meiner Arbeit und meinen Hobbys ziehen muss, eben weil die Freizeitbeschäftigungen, die mich interessieren, meinem Beruf ähnlich sind. Nein, ich muss die Armbänder, die ich für mich und meine Freundinnen aus kleinen Perlen gebunden habe, nicht verkaufen, auch wenn ich ein paarmal darauf angesprochen wurde. Nein, ich muss kein TikTok-Video drehen, wie ich die Tasche für meine Schwester genäht habe. Ich kann mich einfach privat darüber freuen. Wer hätte das gedacht?

In letzter Zeit versuche ich mir sogar bewusst Freizeitaktivitäten auszusuchen, die genau das Gegenteil von meinem Beruf sind und mich ein wenig aus der Komfortzone locken. Und tatsächlich habe ich einen Weg gefunden, meinem Gehirn dabei zu helfen, in den Freizeitmodus zu schalten. Leider muss ich zugeben, dass ich dem nervigen Ratschlag folge, den ich früher zu hundert Prozent abgelehnt habe: ein Spaziergang an der frischen Luft. Ich wünschte auch, es wäre glamouröser.

In letzter Zeit beobachte ich jedoch eine deutliche Verbesserung und freue mich, endlich rauszukommen. Am Anfang trabe ich noch mit rauchendem Kopf die Straße zum Park hinunter, während mein Gehirn noch mit Vollgas die letzten Stunden des Tages verarbeitet. Spätestens ab der Hälfte meines Spaziergangs schweifen meine Gedanken nur noch sporadisch zu Deadlines, Ideen für Texte und dem

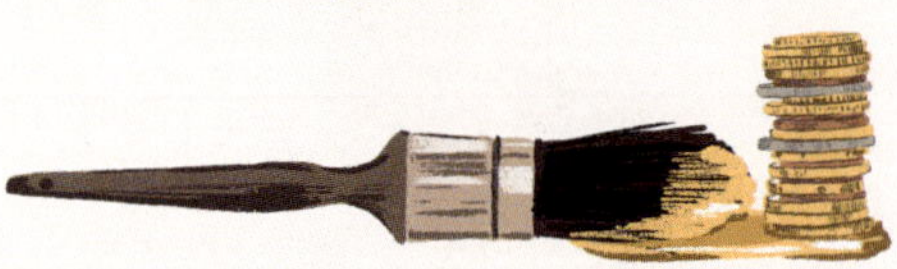

schlechten Gewissen, dass ich endlich mal mein Portfolio updaten sollte. Nach und nach bemerke ich, wie sich der Wind in meinen Haaren anfühlt und wie die Sonne sich durch die dichten Kronen der Bäume kämpft. Eine Frau lässt routiniert den Haufen ihres Dackels in einem Plastiktütchen verschwinden. Herrlich!

Die Vögel zwitschern, und ich kicke einen wohlgeformten Stein vor mir her. Endlich kehrt Ruhe in der Zentrale ein, und ich lasse meine Gedanken einfach vorbeiziehen. Ich bin bereits ein kreatives Geschöpf, einfach nur, weil ich existiere.

Ich darf neue Wege des Seins erkunden, neue Beziehungen schaffen, mich und meine Mitmenschen bestärken und endlich bei mir selbst ankommen. Ich gehöre hierher.

Tauch mal ab!

Traust du dich, den Rest des Tages offline zu gehen?

GANZ ENTSPANNT

Ideen für Hobbys ohne Bildschirm und Leistungsdruck:

Gärtnern

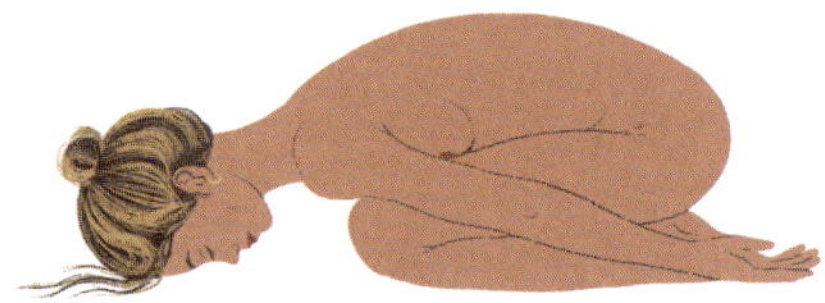

Endlich den Yogakurs ausprobieren

Einem Buchclub beitreten

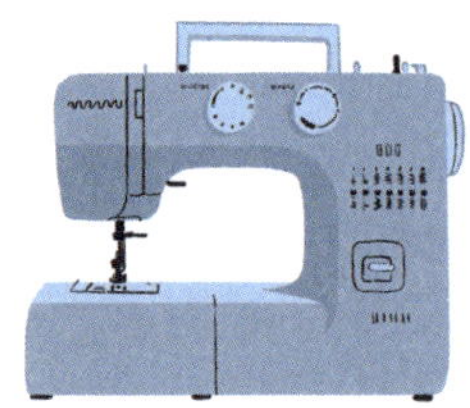

Nähen

Regelmäßige Kochabende mit Freund:innen

Einen Malkurs besuchen

Schwimmen

Geschenke selbst basteln

Vögel beobachten

Ein Bullet-Journal führen

Puzzeln

Eine Pilz- oder Kräuterwanderung machen

Musik machen

Fotografieren

Hundesitten

Backen

Rollschuh fahren

Einen Töpferkurs machen

Einen Brief schreiben

DIE AUTORIN

Alissa Levy wurde 1992 in Kiew, Ukraine, geboren. Mit sechs Jahren immigrierte sie mit ihrer Familie nach Dortmund, wo sie auch heute noch lebt. Schon während ihres Studiums an der Folkwang Universität der Künste arbeitete sie als freiberufliche Illustratorin. Seit ihrem Masterabschluss illustriert sie für Bücher wie »Die Kunst der Freundschaft«, Magazine und ihren eigenen Shop. Sie arbeitet vor allem international im Bereich Editorial, Lifestyle und Mode. Alissas pastellfarbene Illustrationen zeigen oft die kleinen, humorvollen Besonderheiten des Alltags. Sie haben eine Leichtigkeit, die Alissa auch in ihre Texte einfließen lässt. Nach »Chips im Bett und Yoga im Park« ist »Heute fange ich an« bereits ihr zweites Buch. Wenn man sie nicht beim Schreiben oder Zeichnen in ihrem kleinen Atelier trifft, dann spielt sie zusammen mit Kater und Partner Klavier.

DANKE!

Einen ganz besonderen Dank an meine Projektleitung Pia Clemente, für die Ordnung, die du in mein Chaos gebracht hast. Und an meine Lektorin Silke Weiher, für deine Liebe fürs Detail und die nötige Würze an den richtigen Stellen. Natürlich auch an die Grafik und den Satz, die aus so vielen Einzelteilen ein richtiges Buch gezaubert haben. Danke auch an den Knesebeck Verlag und Anja Sommerfeld, für euer Vertrauen und die Möglichkeit, mein zweites Buch in den Händen halten zu dürfen.
Danke an Willi, für die Liebe im Getriebe. Wer wäre ich ohne meine Freunde und Familie?

AUSSERDEM BEI KNESEBECK ERSCHIENEN:

Alissa Levy

Chips im Bett und Yoga im Park

Self Care ganz entspannt

ISBN 978-3-95728-483-9

SELF CARE IST NICHT GLEICH SELF CARE

Für die eine ist es ein Schaumbad, für die andere ein ganzes Lebensgefühl. In beiden Fällen lautet das Motto: aufmerksam in sich hineinhören, das Überflüssige loslassen, sich selbst nicht immer so ernst nehmen. In diesem Buch geht es um die wichtigste Person in deinem Leben: Dich selbst. Von A bis Z hilft es dir, deine Stärken zu erkennen, öfter JA zu sagen oder herauszufinden, wann es Zeit ist, den Tag mit dem Lieblingsbuch und einer großen Pizza auf der Couch zu verbringen. Vorlagen zum Ausmalen, Anregungen zum Aufschreiben und Ideen zum Experimentieren inklusive.

Jane Bane und
Trin Garritano

Mit Illustrationen
von Alissa Levy

Die Kunst der Freundschaft

Freunde finden, Freunde sein,
Freunde bleiben

ISBN 978-3-95728-719-9

EIN HOCH AUF DIE FREUNDSCHAFT

Als Kind war es einfach, doch heute, in der Zeit von toxischen Beziehungen, Ghosting und Einsamkeit, ist das mit der Freundschaft so eine Sache. Dieses Buch bietet humorvollen und aufrichtigen Rat zu den verwirrendsten Fragen rund um Freundschaften unter Erwachsenen von heute. Vollgepackt mit Wissen und Tipps, um bestehende Freundschaften zu verbessern und neue, dauerhafte zu schließen: Wie meistert man die Kunst des Smalltalks? Wie wird aus einer Bekanntschaft eine Freundschaft? Wie findet man echte Freund:innen online?

Originalausgabe
5. Auflage 2025

Holzstraße 26, 80469 München
sekretariat@knesebeck-verlag.de
Ein Unternehmen der Média-Participations

Lesetipp: 10-10-10: 10 Minuten, 10 Monate, 10 Jahre – Die neue Zauberformel für intelligente Lebensentscheidungen
Suzy Welch, Arkana Verlag 2009

Projektleitung: Anja Sommerfeld und Pia Clemente, Knesebeck Verlag
Lektorat: Silke Weiher, Gräfelfing
Gestaltung: Fabian Arnet, Knesebeck Verlag
Satz: Bernadett Linseisen (schere.style.papier), München
Korrektorat: Susann Harring, München
Druck: BALTO Print, Litauen
Printed in Lithuania

ISBN 978-3-95728-771-7

www.knesebeck-verlag.de

FSC www.fsc.org
MIX
Papier | Fördert gute Waldnutzung
FSC® C107574